모든 언어는 평등하다

지구상의 모든 언어는
인류 공동체 문명 발전의 발자취입니다.
힘이 센 나라의 언어라 해서 더 좋거나 더 중요한 언어가 아닌 것처럼,
많은 사람들이 쓰지 않는 언어라 해서 덜 좋거나 덜 중요한 언어는 아닙니다.

문화 다양성에 따른 언어 다양성은 인류가 서로 견제하고
긍정적인 자극을 주고받으며 소통, 발전할 수 있는 계기가 됩니다.
그러나 안타깝게도 현재 일부 언어가 '국제어'라는 이름 아래
전 세계 사람들에게 강요되고 있습니다.

언어평등의 꿈은 전 세계 모든 언어를 학습할 수 있는 어학 콘텐츠를
개발하는 것입니다. 어떠한 언어에도 우위를 주지 않고, 다양한 언어의 고유
가치를 지켜나가겠습니다. 누구나 배우고 싶은 언어를 자유롭게 선택해서
배울 수 있도록 더욱 정진하겠습니다.

언어평등은 문예림의 아날로그와 디지털을 아우르는
어학 콘텐츠 브랜드입니다.
60년째 언어 생각뿐.

언어평등 시리즈
첫걸음

ARCTIC OCEAN

NORTH PACIFIC
OCEAN

NORTH ATLANTIC
OCEAN

Aruba

Suriname

SOUTH PACIFIC
OCEAN

SOUTH ATLA
OCEAN

언어평등은 누구나 평등하고 자유롭게 전 세계 모든 언어를
학습할 수 있도록 여러분과 함께 할 것입니다.

네덜란드어는 인도·유럽 어족에 게르만어의 하나로 네덜란드, 벨기에 북부, 수리남,
네덜란드령 카리브, 아루바 등에서 사용하는 언어이며 유럽 연합에서는 어덜 번째로 많이
사용되는 유럽 연합 공식어이다. 전 세계 약 2,800여만 명이 모국어로 사용한다.

ARCTIC OCEAN

Nederland

NORTH PACIFIC
OCEAN

INDIAN OCEAN

동영상 강의
시청하기

언어평등(www.EQlangs.com)에서 구매하면
해당 도서의 강의를 보실 수 있습니다.
저자가 알려주는 언어 이야기도 보실 수 있습니다.

MP3 다운로드 방법

1단계
언어평등(www.EQlangs.com) 사이트
고객센터 - 자료실 - MP3 들어오기

2단계
제목_____에 찾고자 하는
도서명을 입력 후 검색하세요.

www.EQlangs.com

평등한 언어 세상을 위한 시작

네덜란드어 첫걸음

평등한 언어 세상을 위한 시작

네덜란드어 첫걸음

Gelijkwaardigheid van talen

De eerste stap in het leren van de Nederlandse taal

언어평등

평등한 언어 세상을 위한 시작

네덜란드어 첫걸음

개정판 2쇄 인쇄 2023년 8월 1일
개정판 2쇄 발행 2023년 8월 15일

지은이 유세나
펴낸이 서덕일
펴낸곳 언어평등

기획 서민우 **편집진행 및 교정** 조소영 **업무지원** 서여진 **온라인 마케팅** 이혜영
표지 박정호(TIDM) **부속 디자인** 이유정 **본문 디자인** 문인주
오디오 녹음 이니스닷컴 **동영상 촬영** 이큐스튜디오 **출력 및 인쇄** 천일문화사 **제본** 대흥제책

출판등록 2018.6.5 (제2018-63호)
주소 경기도 파주시 회동길 366 3층 (10881)
전화 (02) 499-1281~2 **팩스** (02) 499-1283
전자우편 eqlangs@moonyelim.com
홈페이지 www.EQlangs.com

ISBN 979-11-970617-8-3 (03750)
값 15,000원

세계 언어와 문화, **문예림**
언어평등 〈모든 언어는 평등하다〉 디지털과 아날로그 아우르는 어학 콘텐츠
오르비타 〈위대한 작은 첫걸음〉 성인 어학 입문, 파닉스(영유아, 어린이 어학교재)
심포지아 〈세상에 대한 담론과 향연〉 나라와 도시 여행, 역사, 문화 등
파쿨라 〈지성을 밝히는 횃불〉 어문학, 언어학 학술도서

머리말

'낮은 땅'이라는 의미를 지닌 네덜란드는 국토 규모는 작지만, 16세기 황금기를 걸쳐 전 세계를 누비는 무역 강국으로 자리매김하였으며, 지금도 그 명성을 유지하고 있는 나라입니다. 물류산업 외에도 식품산업, 에너지산업 및 화학공업 등이 주력 산업으로, 글로벌 경쟁력을 갖춘 선구적인 나라입니다.

네덜란드의 높은 교육 수준은 다양한 국가의 학생들을 네덜란드의 대학과 학문 기관으로 끌어들였고, 최근 한국의 많은 학생들도 네덜란드 유학의 문을 두드리고 있습니다. 덧붙여 유연한 업무 환경 및 훌륭한 복지 제도로 많은 사람들이 거주하고 싶어하는 나라 중 하나이며, 네덜란드의 아름다운 운하와 자연 풍경은 여행객을 불러 모읍니다.

네덜란드에서는 영어가 널리 통용되기에 외국인들이 정착하는 데 진입 장벽이 높지 않습니다. 그러나 네덜란드 문화와 사람을 더 깊이 이해하고 즐기기 위해, 네덜란드어를 배우는 일은 큰 이점을 지닙니다. 교환학생, 인턴 및 여행 등 다양한 목적으로 네덜란드를 다녀가시는 분들께도, 네덜란드어를 배우는 일은 생활 전반에 큰 도움이 될 것입니다.

다른 언어에 비해 상대적으로 네덜란드어 교재가 많지 않기에, 네덜란드어 첫걸음을 내딛는 분들께 가장 친근하고 쉬운 길을 터주고 싶어 본 교재를 쓰게 되었습니다.

본 교재는 말하기에 중심을 두었습니다. 실생활에 자주 사용하는 표현을 배우고, 상황에 직접 적용할 수 있는 말하기 패턴 학습에 중점을 뒀습니다. 문장 구성에 필요한 최소한의 문법 설명과 연습 문제를 통해 스스로 말하기 실력을 강화할 수 있도록 구성하였습니다. 또한 동영상 강의를 제공하여 학습의 어려움을 최소화하였습니다.

집필하는 동안 지지해준 가족들, 그리고 큰 도움을 주신 출판사 분들께 감사의 인사를 드립니다. 본 교재가 여러분께 네덜란드어 학습의 유익함과 즐거움을 선사하길 바랍니다. Succes!

Alfabet en uitspraak 알파벳과 발음

문자는 2차적인 기억의 시스템이다

네덜란드어 문자와 모음, 자음 발음 등을 익힙니다.
발음은 반복 연습하는 것이 중요합니다

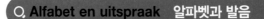

Gesprek 대화

경청은 지혜의 특권이다

각 강의 학습 내용에 기본이 되는 대화문을 상황
별로 소개합니다. 초보자의 학습에 도움이 되도록
5강까지는 한국어 독음을 표기하였습니다.

Woorden 어휘

단어의 이미지는 견고하다

각 강의 상황별 대화문에 등장하는 어휘를 정리
하였습니다. 이미지를 연상하면서 어휘를 기억하
도록 합니다.

◯ Grammatica 　문법

언어의 품사를 품다

핵심 문법 사항을 공부하고 문법과 관련된 예문을 통해 이해와
문장 활용 능력을 키웁니다.

◯ Veelgebruikte zinnen 　유용한 표현

인류는 소통했기에 생존하였다

각 강에서 학습한 내용을 말할 수 있는 문장 패턴을 제시하였습
니다. 하나의 문장 패턴에서 다양한 문장을 만드는 응용력을 기
릅니다.

◯ Praktische dialogen 　상황별 대화

언어의 역동성이 인간을 장악한다

각 강에서 학습한 내용을 응용하여 말할 수 있는 다양한 문장을
제시하였습니다. 새로운 어휘와 구문을 통해 문장을 구성하는
응용력을 기릅니다.

◯ Oefeningen 　연습 문제

말할 권리를 절대 옹호한다

각 강에서 학습한 내용을 정리합니다. 네덜란드어를 말할 수 있
는지 스스로 확인하고 복습하도록 합니다.

차 례

C o n t e n t s ▶

준비학습

알파벳

🎧 0-1

대문자	소문자	발음기호	한글음	음가
A	a	[ɑ]	아	[아]
B	b	[be]	베이	[ㅂ]
C	c	[se]	세이	[ㅅ, ㅋ]
D	d	[de]	데이	[ㄷ]
E	e	[e]	에이	[에]
F	f	[ɛf]	에프	[ㅍ]
G	g	[ɣe]	헤이	[ㄱ]
H	h	[ha]	하	[ㅎ]
I	i	[i]	이	[이]
J	j	[je]	예이	[이]
K	k	[kɑ]	까	[ㅋ, ㄲ]
L	l	[ɛl]	엘	[ㄹ]
M	m	[ɛm]	엠	[ㅁ]
N	n	[ɛn]	엔	[ㄴ]
O	o	[o]	오	[ㅗ]
P	p	[pe]	뻬이	[ㅍ, ㅃ]
Q	q	[ky]	퀴	[ㅋ]
R	r	[ɛr]	에르	[ㄹ]
S	s	[ɛs]	에스	[ㅅ]
T	t	[te]	떼이	[ㅌ, ㄸ]
U	u	[y]	위	[ㅟ]
V	v	[ve]	페이	[ㅂ, ㅍ]
W	w	[ʋe]	베이	[ㅂ]
X	x	[ɪks]	익스	[크스]
Y	y	[igrɛk]	이그렉	[이]
Z	z	[zɛt]	제트	[ㅈ]

단모음

a	[아]	man	[만]	
e	[에]	pen	[펜]	
		lopen	[로우펀]	-en, -er, -el의 경우 [으]로 발음
		terug	[뜨뤼ㅎ]	e에 악센트가 없을 때는 [으]로 발음
i	[이]	ik	[이ㅋ]	
		jarig	[야르ㅎ]	-ig, -is의 경우 [으]로 발음
o	[오]	zon	[존]	
u	[위]	bus	[뷔스]	
y	[이]	baby	[베이비]	외래어에 사용, yoga 같은 경우에는 자음으로 쓰임

장모음

aa	[아-]	maan	[마-ㄴ]	
ee	[에이]	week	[웨이ㅋ]	
		een	[언]	부정관사로 쓰일 때는 [언]으로 발음
		eer	[이-ㄹ]	-r의 경우 [이-]로 발음
ie	[이-]	dier	[디-어ㄹ]	ii로 쓰지 않음
oo	[오-우]	boom	[보-움]	
		oor	[오-ㄹ]	-r의 경우 [오-]로 발음
uu	[위-]	huur	[휘-ㄹ]	

이중모음

ij	[에이]	ijs	[에이ㅅ]	
		lelijk	[레이르ㅋ]	-lijk의 경우 [으]로 발음
ei	[에이]	ei	[에이]	
au	[아우]	auto	[아우또]	
ou	[아우]	koud	[까우ㄷ]	
oe	[우]	koe	[꾸]	
ui	[아위]	huis	[하위ㅅ]	
eu	[외우]	leuk	[뢰우ㅋ]	
		deur	[되-우ㄹ]	-r가 오면 [외-우]로 조금 더 길게 발음

복모음

ai	[아이]	samurai	[사무라이]	
oi	[오이]	hoi	[호이]	
aai	[아-이]	haai	[하-이]	
ooi	[오-이]	mooi	[모-이]	
oei	[우-이]	doei	[두-이]	
ieu(w)	[이-위]	nieuw	[니-위]	이 두 개의 조합은 항상 w를 동반
eeu(w)	[에-위]	leeuw	[레-위]	

자음

b	[ㅂ]	brood	[브로-우ㄷ]	
		krab	[끄랖]	단어 끝에 오면 [ㅍ]로 발음
c	[ㅅ,ㅋ]	citroen	[시뜨룬]	• 모음 i, e, ij 앞에서 [ㅅ]로 발음 • 외래어에만 사용
		club	[클]	다른 경우에는 [ㅋ]로 발음
d	[ㄷ]	dolfijn	[돌페인]	
		goed	[후ㅌ]	단어 끝에 오면 [ㅌ]로 발음
f	[ㅍ]	fiets	[피츠]	입술에서 나오는 강한 [ㅍ] 소리
g	[ㅎ]	giraf	[히라ㅍ]	목에서부터 나오는 [ㅎ] 소리
h	[ㅎ]	haan	[하-ㄴ]	약한 [ㅎ] 발음
j	[이]	jas	[야ㅅ]	yellow의 [y]와 유사한 발음
k	[ㅋ]	kat	[까ㅌ]	[ㄲ]에 가까운 발음
l	[ㄹ]	lam	[람]	혀를 구부리지 않는 [ㄹ] 발음
m	[ㅁ]	muis	[마위ㅅ]	영어의 [m]와 유사한 발음
n	[ㄴ]	nest	[네스ㅌ]	영어의 [n]와 유사한 발음
p	[ㅍ]	paard	[빠-르ㅌ]	[ㅃ]에 가까운 발음
q	[크ㅂ]	aquarium	[아쿠아리움]	• [ㅋ]에 가까운 발음이며 항상 모음 u를 동반 • 외래어에만 사용
r	[ㄹ]	raket	[라케ㅌ]	부드러운 [ㄹ] 발음
s	[ㅆ]	sok	[쏙]	영어의 [s]와 유사한 발음
t	[ㅌ]	trui	[뜨라위]	[ㄸ]와 가까운 발음이지만 약하게 발음

v	[ㅂ, ㅍ]	vos	[포씨]	영어의 [f]와 유사한 발음
w	[ㅂ]	wolk	[볼ㅋ]	영어의 [v]와 유사한 발음
x	[ㅋㅅ]	xylofoon	[실로폰]	• 영어의 [x]와 같은 발음 • 외래어에만 사용
y	[이]	yoga	[요하]	자음으로도 쓰이며 외래어에서만 사용
z	[ㅈ]	zebra	[제이브라]	영어의 [z]와 유사한 발음

이중 자음

ch	[ㅎ]	school	[스호-ㄹ]	sch, cht 조합으로 자주 사용
	[쉬]	chocolade	[쇼꼴라드]	ch가 앞에 올 때는 [sh] 발음
ng	[ㅇ]	bang	[방]	ㅇ 받침으로 발음
nk	[ㅇㅋ]	dank	[당ㅋ]	nk의 n은 [ng] 발음
sj	[쉬]	sjaal	[쉬아-ㄹ]	[sh]로 발음
tj	[쩌]	dutje	[뒤쩌]	tje 조합으로 자주 사용
ts	[ㅊ]	iets	[이-츠]	[ㅊ]와 [ㅉ] 사이의 발음

음절

음절이 자음으로 끝나면 폐음절, 모음으로 끝나면 개음절이라고 한다.
네덜란드어에서 명사의 복수는 '단수 + –en'의 형태를 취하는데 이때 적용되는 음절 규칙을 꼭 기억해야 한다.

1 두 음절 이상일 때, 폐음절은 자음을 하나 더 추가해서 단모음으로 발음한다.

예 man [만] 남자 → man + n + en [마넌] 남자들
bom [봄] 폭탄 → bom + m + en [보먼] 폭탄들

2 개음절은 장모음으로 길게 발음되지만, 모음을 하나만 쓴다.

예 maan [마-ㄴ] 달 → ma + nen [마-넌] 달들
boom [보-움] 나무 → bo + men [보-우먼] 나무들

마찬가지로 동사원형은 '동사어간 + –en'으로 이루어져 있는데, 이때도 폐음절, 개음절을 잘 살펴야 한다.

1 폐음절: zit [지뜨] '앉다'의 어간 → zit + t + en [지뜬] '앉다'의 동사원형
2 개음절: loop [로우ㅍ] '걷다'의 어간 → lo + pen [로우픈] '걷다'의 동사원형

인사 만나서 반갑습니다!
Leuk je te ontmoeten!

Gesprek 🎧 1-1

Emma: **Hallo, ik ben Emma.**
할로우, 익 벤 엠마.

Daan: **Leuk je te ontmoeten. Mijn naam is Daan.**
뢱 여 뜨 온뜨무뜬. 마인 남 이스 단.

Emma: **Aangenaam. Wie is ze?**
안흐남. 위 이스 즈?

Daan: **Ze is Milou.**
즈 이스 밀루.

Emma: **O, ik ken Milou. Dag Milou! Alles goed?**
오, 익 껜 밀루. 다흐 밀루! 알러스 훗트?

Milou: **Fijn, bedankt. Hoe gaat het met je?**
파인, 브당크트. 후 핫트 헷트 멧트 여?

엠마: 안녕, 나는 엠마라고 해.
단: 만나서 반가워. 내 이름은 단이야.
엠마: 반가워. 저 여자는 누구지?
단: 밀루야.
엠마: 오, 나 밀루 알아. 밀루야 안녕! 잘 지내지?
밀루: 잘 지내, 고마워. 너는 어떻게 지내?

Woorden

leuk 즐겁다, 좋다

ontmoeten 만나다

aangenaam
기쁘다, (만나서) 반갑다

wie 누구 (6과 참조)

kennen 알다

alles 모든 것

fijn 좋은

Grammatica

1. 주격 인칭대명사 (Het persoonlijk voornaamwoord: Onderwerpsvorm)

2인칭에서 u는 존칭으로 공식적인 상황이나 정중하게 표현해야 할 경우에 사용하고, je는 비존칭으로 친구 사이나 친밀한 사이에서 사용한다. 3인칭 복수형은 남녀 구분 없이 zij로 통일해서 사용한다.

인칭　수	단수	복수
1인칭	ik	wij (축약형: we)
2인칭	jij (축약형: je) / u	jullie / u
3인칭	hij / zij (축약형: ze) / het (비인칭 주어)	zij (축약형: ze)

TIP

원형과 축약형을 교차하여 사용할 수 있고, 행위자를 강조할 때는 원형을 사용한다. 대화에는 축약형을 많이 사용한다.

2. zijn 동사 (Het werkwoord "zijn")

영어의 be동사에 해당하며 '～이다, ～입니다'로 자신을 소개할 때 사용한다. 어떤 문장에서 zij가 그녀(3인칭 단수) 또는 그들(3인칭 복수)인지는 동사가 단수인지 복수인지를 보면 확실히 구분할 수 있다.

인칭　수	단수	zijn 동사	복수	zijn 동사
1인칭	ik	ben	wij	zijn
2인칭	jij / u	bent	jullie	zijn
3인칭	hij / zij / het	is	zij	zijn

3. 문장의 어순 (Woordvolgorde)

기본적으로 '주어 + 동사'의 순서로 구성된다.

Ik ben Senna.	나는 세나다.
Je bent Sean.	너는 션이다.
Ze is mevrouw Luth.	그녀는 루트 씨다.
We zijn Nederlanders.	우리는 네덜란드인이다.
Jullie zijn studenten.	너희는 학생이다.
Ze zijn mijn vrienden.	그들은 내 친구다.

TIP

네덜란드에서는 Meneer(Mr.) / Mevrouw(Miss, Mrs.)와 같은 호칭에 성을 붙여 사람을 지칭하기도 한다.

4 Zijn 동사의 의문문

Zijn 동사의 의문문을 만들 때는 주어와 zijn 동사의 자리를 바꾸면 된다. 주의해야 할 점은 2인칭 단수 je를 사용할 때는 bent 대신 1인칭 동사형 ben을 사용한다는 점이다. 어떤 동사든 주어 je 앞에 위치할 때 항상 적용되는 규칙이므로 반드시 기억해야 한다.

Ben je Lucas?	루카스니?
Bent u meneer Van Dijk?	판 다이크 씨인가요?
Is ze Lotte?	그녀가 로뜨니?
Zijn jullie familie Dekker?	데커 가족이신가요?
Zijn ze Koreaanse studenten?	그들은 한국 학생인가요?

5 지시대명사(1)

지시대명사 dit은 영어의 this에 해당한다. 사람을 소개할 때 사용하는 지시대명사는 남녀, 존칭 및 비존칭 구분 없이 사용한다.

Dit is Benjamin.	얘는 벤야민이야.
Dit is Anne-Marie.	얘는 인느마리야.
Dit is meneer Boersma.	이분은 브루스마 씨입니다.
Dit is professor De Jong.	이분은 더 용 교수님입니다.

6 명사의 성 (Woordgeslacht)

네덜란드어 명사에는 3개의 성(남성, 여성, 중성)이 존재한다. 단어의 성에 따라 함께 사용되는 대명사나 정관사의 종류 및 형용사의 형태가 다르다(정관사에 대해서는 2과에서 더 자세히 다룰 예정). 단어 자체만으로 남성, 여성, 중성을 100% 구분할 수는 없다(특정 접미사 사용 시 구분 가능). 사전에는 m(남성), v(여성), o(중성)로 구분되어 있다.

• 남성 단어: koek 과자, hond 개, beker 컵
• 여성 단어: vrouw 여자, liefde 사랑, theorie 이론
• 중성 단어: boek 책, huis 집, bord 그릇

Veelgebruikte zinnen

🎧 1-2

1 만날 때 인사

Dag!	안녕!
Hallo!	안녕!
Hoi!	안녕! (친한 사이에 하는 인사)
Hoe is het?	잘 지내니?
Hoe gaat het (met je)?	잘 지내니?
Hoe gaat het met u?	잘 지내시나요? (격식)
Alles goed?	잘 지내니?
Goede(n)dag!	좋은 날입니다!
Goedemorgen! = Goeiemorgen!	좋은 아침입니다!
Goedemiddag! = Goeiemiddag!	좋은 오후입니다! (정오 이후에 사용하는 인사)
Goede(n)avond! = Goeie(n)avond!	좋은 저녁입니다!
Goedenacht! = Goeienacht!	좋은 밤입니다!

> ✏ TIP
> Goeie 같은 경우에는 구어체에서 사용한다.

2 헤어질 때 인사

Dag!	안녕! / 잘 가!
Doei!	안녕! / 잘 가!
Tot morgen!	내일 봐!
Tot vanavond!	오늘 밤에 봐!
Tot zondag!	일요일에 봐!
Tot ziens!	다음에 봐!
Tot gauw / snel!	빨리 또 보자!
Fijne dag!	좋은 하루 보내!

> ✏ TIP
> Tot vanavond, zondag 등 다음 만날 시점을 넣어서 '그때 보자'고 표현한다.

3 안부에 대한 답변

Hoe gaat het met je?	어떻게 지내?
Fijn.	좋아.
Prima.	좋아.
(Het gaat) Goed.	좋아.
Heel goed.	엄청 좋아.
Niet zo goed.	별로 안 좋아.
Niets bijzonders.	특별한 일 없어.
Niet slecht.	나쁘지 않아.

Praktische dialogen

Gesprek ❶

상황 친구에게 Ave를 소개하기

> A: Hoi! Hoe gaat het?
> B: Het gaat goed! En met je?
> A: Heel goed! Dit is Ave.
> B: Hallo, Ave! Leuk je te ontmoeten.

A: 안녕! 어떻게 지내?

B: 잘 지내! 넌 어때?

A: 난 아주 잘 지내! 이 친구는 아베야.

B: 안녕, 아베! 만나서 반가워.

Gesprek ❷

상황 공식적인 자리에서 Van Dijk 씨를 소개하기

> A: Goedemorgen, Mevrouw Luth! Hoe gaat het met u?
> B: Met mij gaat het goed. Dank u. Dit is meneer Van Dijk.
> A: Aangenaam.
> B: Aangenaam kennis te maken.

A: 좋은 아침입니다, 루트 씨! 어떻게 지내시나요?

B: 잘 지냅니다. 감사합니다. 이분은 판 다이크 씨입니다.

A: 반갑습니다.

B: 만나서 반갑습니다.

Oefeningen

1 다음 대화를 네덜란드어로 쓰고 말해 보세요.

1 A: 안녕, 나는 세나라고 해. _____

    B: 안녕! 만나서 반가워. _____

2 A: 좋은 아침이야! 어떻게 지내? _____

    B: 나는 잘 지내. _____

3 A: 이분은 판 다이크(남성)씨야. _____

    B: 만나서 반갑습니다. _____

2 다음 문장을 의문문으로 쓰고 말해 보세요.

1 Je bent Anne. _____

2 U bent professor Dekker. _____

3 Hij is meneer de Boer. _____

4 Ze is Anne-Marie. _____

5 Jullie zijn familie Kim. _____

6 Ze zijn Liam en Sophie. _____

3 다음 빈칸에 알맞은 말을 넣고 말해 보세요.

1 잘 지내요?

   _____ goed?

2 저녁 인사

   Goede _____ .

3 나중에 봐!

   Tot _____ !

4 나쁘지 않게 지내요.

   Niet _____ .

5 만나서 반갑습니다.

   _____ met u _____ te _____ .

6 이 친구는 요나단이야.

   _____ Jonathan.

4 다음 단어의 성을 찾아 쓰세요.

1 paard   말   _____

2 tafel   책상   _____

3 bus   버스   _____

4 liefde   사랑   _____

5 huis   집   _____

소개 저는 학생입니다!
Ik ben student!

Gesprek
🎧 2-1

Daan: **Ben je student?**
벤 여 스뛰덴트?

Emma: **Ja, ik ben student.**
야, 익 벤 스뛰덴트.

Daan: **Ik ook. We zijn allebei studenten!**
익 오우크 으 자인 알르베이 스뛰덴뜬!

Emma: **Ik studeer geschiedenis.**
익 스뛰디르 흐스히더니스.

Daan: **Maar ik studeer geen geschiedenis.**
마아르 익 스뛰디르 헤인 흐스히더니스.

Emma: **Ben je student rechten?**
벤 여 스뛰덴트 레흐뜬?

Daan: **Nee, ik studeer economie.**
네이, 익 스뛰디르 에이꼬노미.

단: 너는 학생이니?

엠마: 응, 나는 학생이야.

단: 나도. 우리 둘 다 학생이네!

엠마: 나는 역사 전공이야.

단: 하지만 나는 역사 전공은 아니야.

엠마: 법 전공 학생이니?

단: 아니, 나는 경제학을 공부해.

Woorden

ook 또한

allebei 둘 다

maar 하지만

nee 아니

✏ TIP

studeren은 '공부하다'라는 동사로, 1인칭의 동사 혹은 2인칭 주어 앞에 위치한 동사(= 명령문)로 사용할 때 studeer의 형태를 사용한다.

Grammatica

1 부정관사 Een

영어의 a와 an에 해당하며, 정해지지 않은 무언가를 가리키거나 이야기 중에 어떤 명사가 처음 언급될 때 een을 사용한다.

Een kind	(어떤) 한 아이
Een kind is lief.	(한) 아이가 귀엽다
Een apple	(아무) 사과 한 개
Ik wil een appel.	나는 (아무) 사과 하나를 원한다.

2 정관사 De / Het

영어의 the에 해당하며, 구체적인 것을 가리킬 때 사용한다. 남성 단어, 여성 단어 앞에는 de, 중성 단어 앞에는 het을 사용한다. 복수에는 항상 정관사 de를 사용한다.

수 \ 성	남성	여성	중성
단수	de man 남자	de vrouw 여자	het boek 책
복수	de mannen	de vrouwen	de boeken

☑ 남성/여성 명사인지 구분하는 어느 정도의 규칙은 있지만, 가장 확실한 방법으로는 사전을 찾아보는 것을 추천한다.

3 소유격 인칭대명사 (Het bezittelijk voornaamwoord)

인칭 \ 격	(단수) 주격	소유격	(복수) 주격	소유격
1인칭	ik	mijn	we	ons / onze
2인칭	je / u	jouw(je*) / uw	jullie	jullie
3인칭	hij / ze	zijn / haar	ze	hun

TIP
je: 축약형 / uw

wat 무엇(의문사)

Wat is jouw(je) naam?	이름이 뭐야?
Haar naam is Soha.	그녀의 이름은 소하야.
Dit is mijn zoon.	이 사람은 내 아들이야.

4 **복수 명사(1)** (Zelfstandige naamwoorden: Meervoud)

대부분의 복수 명사는 '단수 + -en' 형태이다.

boek 책 → boeken, student 학생 → studenten, berg 산 → bergen

그러나 몇 가지 추가 규칙이 있다.

1) 음절 끝이 장모음 aa / ee / oo / uu + 자음인 경우, 모음을 하나 생략한다.

knoop 단추 → knopen, avontuur 모험 → avonturen

2) 음절 끝이 단모음 a / e / i / o / u + 자음인 경우, 자음을 하나 더 추가한다.

bak 통 → bakken, zin 문장 → zinnen

3) 마지막이 -s인 경우, z로 바꾼다.

huis 집 → huizen, roos 장미 → rozen, doos 상자 → dozen, lens 렌즈 → lenzen

4) 마지막이 -f인 경우, v로 바꾼다.

bedrijf 회사 → bedrijven, dief 도둑 → dieven, druif 포도 → druiven

5) 분음부호인 trema는 모음 위에 표기된 2개의 점이다. 두 개 혹은 세 개의 모음이 나란히 붙어있을 때, 하나의 음으로 읽지 말라고 구분하는 역할을 한다.

idee 아이디어 → ideeën, knie 무릎 → knieën, zee 바다 → zeeën

5 직업 명사

1) -er로 끝나는 직업 명사가 많고, 외래어를 그대로 사용하기도 한다.

bakker	제빵사	kapper	미용사	rechter	판사	tandarts	치과의사
minister	장관	ingenieur	엔지니어	acteur	영화배우	journalist	기자
chaffeur	운전사	student	학생	leraar	선생님	docent	선생님

TIP
Wat voor는 '어떤 종류'라는 의미로, 어떤 종류의 일을 하는지 물어볼 때 사용한다.

Wat voor werk doet u?   무슨 일을 하세요?

= Wat voor werk doe je?

Ik ben student.   나는 학생입니다

Wat voor werk doet meneer Kok?   콕 씨는 무슨 일을 하세요?

Meneer kok is bakker.   콕 씨는 제빵사입니다.

2) 직업 명사의 남성형과 여성형 (비교)

구분	직업	남성	여성
-es	가수	zanger	zangeres
	선생님	leraar	lerares
-e	변호사	advocaat	advocate
	배우	acteur	actrice
	편집장	redacteur	redactrice
-ster	간호사	verpleger	verpleegster
	미용사	kapper	kapster
	작가	schrijver	schrijfster
-a	정치인	politicus	politica
-in	농부	boer	boerin
	요리사	kok	kokkin
	왕	koning	koningin
-ess(e)	승무원	steward	stewardess
	비서	secretaris	secretaresse

Anne is actrice.   안느는 여배우다.

Is Lisan lerares?   리산은 선생님인가요?

6 부정문 만들기(1): Geen (Negatie)

영어는 동사에 따라 not 혹은 don't를 넣어 부정문을 만들지만 네덜란드어에서는 동사 자체가 아닌 동사 다음 단어에 따라 부정부사 geen 혹은 niet을 넣어 부정문을 만든다. 먼저 geen을 쓰는 경우에 대해서 알아보자. geen은 명사 앞에 위치한다.

1) 동사 + 부정관사 + 명사

   Sean is een Nederlander. → Sean is geen Nederlander.
   션은 네덜란드 사람이다.   션은 네덜란드 사람이 아니다.

2) 동사 + 관사 없는 명사

   Ik ben student biologie. → Ik ben geen student biologie.
   나는 생물학과 학생이다.   나는 생물학과 학생이 아니다.

Veelgebruikte zinnen

🎧 2-2

1 이름 말하기(1)

질문	Wat is je naam?	이름이 뭐예요?
답1	Ik ben _____.	(제 이름은) _____ 입니다.
답2	Mijn naam is _____.	제 이름은 _____ 입니다.
	Soha	소하
	Maarten	마르튼
	Esther	에스더
	Bart	바르트

2 직업 말하기

질문	Wat voor werk doe je?	무슨 일을 하세요?
답변	Ik ben _____.	저는 (직업이) _____ 입니다.
	dokter	의사
	kok	요리사
	leraar	선생님
	actrice	여배우
	schilder	화가

3 전공 말하기

질문	Wat studeer je?	무슨 공부를 하시나요?
답변	Ik studeer _____.	저는 _____ 전공 학생입니다.
	geschiedenis	역사
	engels	영어
	psychologie	심리학
	rechten	법학
	wiskunde	수학

Praktische dialogen

🎧 2-3

Gesprek ❶

상황 새로운 동료와의 인사

A: Dag! Studeer je ook Engels?
B: Ja, ik studeer Engels. En jij?
A: Ik ook. Ben je nieuw hier?
B: Ja, ik ben Jaap. Leuk je te ontmoeten!

A: 안녕! 너도 영어를 배우는 학생이니?
B: 응, 나는 영어를 공부해. 너는?
A: 나도. 여기 새로 왔어?
B: 응, 나는 얍이야. 만나서 반가워!

Gesprek ❷

상황 선생님과 학생의 인사

A: Goedemiddag! Ben je student psychologie?
B: Ja, Mijn naam is Else. Wat voor werk doet u?
A: Ik ben docent Nederlands.
B: Aangenaam met u kennis te maken!

A: 안녕하세요(오후 인사)! 심리학과 학생인가요?
B: 네, 저는 엘스라고 해요. 무슨 일을 하시나요?
A: 저는 네덜란드어 선생님이에요.
B: 만나서 반갑습니다!

Oefeningen

1 다음 직업 명사의 남성형 또는 여성형을 쓰세요.

1 acteur   - ....

2 schrijver   - ....

3 .... - lerares

4 secretaris   - ....

5 .... - kokkin

6 .... - verpleegster

7 redacteur   - ....

8 politicus   - ....

2 다음 유명인의 직업을 쓰고 말해 보세요.

1 Vincent van Gogh was ....

2 Guus Hiddink is ....

3 Paul Verhoeven is ....

4 Carice van Houten is ....

5 Virgil van Dijk is ....

6 Willem-Alexander Claus George Ferdinand is ....

3 다음 질문에 대한 답변을 부정문으로 쓰고 말해 보세요.

1   Ben jij student economie?

   ----

2   Bent u rechter?

   ----

3   Is Sander dokter?

   ----

4   Is uw man journalist?

   ----

5   Zijn Sophie en Sara studenten?

   ----

6   Zijn jullie kapsters?

   ----

4 다음 명사의 복수 형태를 쓰세요.

1   boek   책   ------------------
2   boom   나무   ------------------
3   bus   버스   ------------------
4   duif   비둘기   ------------------
5   kans   기회   ------------------
6   kolonie   식민지   ------------------

출신 나는 한국에서 왔어요!
Ik kom uit Korea!

Gesprek

🎧 3-1

Woorden

heten ~라고 불리다

komen 오다

vandaan 어디로부터

achternaam 성

Daan: **Mijn naam is Daan. Hoe heet je?**
메인 남 이스 단. 후 헤이트 예이?

Renée: **Ik heet Renée.**
익 헤이트 르네이.

Daan: **Waar kom je vandaan?**
와르 꼼 예이 판다안?

Renée: **Ik kom uit Frankrijk, Parijs. En jij?**
익 꼼 아윗트 흐란끄라이크, 빠라이스. 엔 예이?

Daan: **Ik ben Nederlander.**
익 벤 네이덜란덜.

Renée: **Wat is je achternaam?**
왓 이스 야우 아흐떠르나암?

Daan: **Mijn achternaam is de Jong.**
메인 아흐떠르남 이스 더 용.

단: 내 이름은 단이야. 이름이 뭐야?

르네이: 나는 르네이야.

단: 어디서 왔어?

르네이: 프랑스 파리에서 왔어. 너는?

단: 나는 네덜란드 출신이야.

르네이: 성이 뭐야?

단: 더 용이야.

31

Grammatica

1 일반 규칙 동사

동사원형은 '어간 + en'으로 구성된다. 예를 들어, 동사 werken의 어간은 werk이다. 이 어간은 1인칭 단수의 동사로 바로 사용된다. 2인칭, 3인칭 단수일 경우, 어간에 t를 덧붙인다. 복수는 인칭에 관계 없이 그대로 원형 werken을 사용한다.

동사원형	werken (일하다)	zingen (노래하다)	lachen (웃다)
어간	werk	zing	lach

		werken	zingen	lachen
단수	1인칭 - ik	werk	zing	lach
	2인칭 - je / u	werkt	zingt	lacht
	3인칭 - hij / ze / het	werkt	zingt	lacht
복수	1인칭 - we	werken	zingen	lachen
	2인칭 - jullie	werken	zingen	lachen
	3인칭 - ze	werken	zingen	lachen

Ik werk bij een restaurant. 나는 레스토랑에서 일한다.

Hij werkt bij een bank. 그는 은행에서 일한다.

Ze lacht. 그녀는 웃는다.

We zingen een lied. 우리는 노래 부른다.

2 동사 어간의 추가 규칙(1)

위에서 언급한 바와 같이 동사의 어간은 기본적으로 동사원형에서 -en이 제거된 형태이다. 그 외의 추가 규칙을 이번 과 이후에서도 몇 차례에 나눠 살펴보겠다.

1) 장모음 a, e, o, u가 포함될 때, 그 모음을 한 번 더 추가한다.

① 동사 studeren의 어간은 studer가 아닌 studeer이다.

→ studerren이 아니므로 e가 장모음. -en 제거한 어간에 장모음 e를 하나 더 추가하여 studeer 형태로 만든다.

② 동사 spreken의 어간은 sprek가 아닌 spreek이다.

→ sprekken이 아니므로 e가 장모음, -en 제거한 어간에 장모음 e를 하나 더 추가하여 spreek 형태로 만든다.

③ 동사 wonen의 어간은 won이 아닌 woon이다.

→ wonnen이 아니므로 o가 장모음, -en 제거한 어간에 장모음 o를 하나 더 추가하여 woon 형태로 만든다.

동사원형		studeren (공부하다)	spreken (말하다)	wonen (거주하다)
어간		studeer	spreek	woon

		studeren	spreken	wonen
단수	1인칭 - ik	studeer	spreek	woon
	2인칭 - je / u	studeert	spreekt	woont
	3인칭 - hij / ze / het	studeert	spreekt	woont
복수	1인칭 - we	studeren	spreken	wonen
	2인칭 - jullie	studeren	spreken	wonen
	3인칭 - ze	studeren	spreken	wonen

Ik studeer geschiedenis.　　　나는 역사를 공부(전공)한다.

Wij spreken Nederlands.　　　우리는 네덜란드어를 한다.

Adam woont in Den Haag.　　아담은 헤이그에 산다.

3 일반동사의 의문문

일반동사의 의문문을 만들 때는 주어와 동사의 자리를 바꾸면 된다. 주어가 1인칭 ik이거나 2인칭 je가 동사보다 앞설 때, 어간을 동사로 그대로 사용한다.

Werk ik?　　　　　　　　　　나는 일하니?

Werk je bij / in een winkel? (○)　너는 가게에서 일하니?

Werkt je bij / in een winkel? (×)

Werkt hij?　　　　　　　　　그는 일하니?

Werken jullie?　　　　　　　너희들은 일하니?

Werken ze?　　　　　　　　그들은 일하니?

4 출신지 말하기

출신을 밝힐 때는 komen(오다) 동사를 쓰고 국가 혹은 도시를 언급한다. 전치사 uit를
출신지 앞에 반드시 쓰고, 나라 이름은 고유명사이므로 대문자로 써야 한다.

Waar kom je vandaan?	어디서 왔어?
Kom je uit Duitsland?	독일 출신이야?
Ik kom uit Nederland.	네덜란드 출신이야.

 TIP

'어디로부터'를 의미하는 부사
waarvandaan을 사용하면 된다.
문장에서는 waar와 vandaan을
분리하여 사용한다.

구분	나라(Land)	수도(Hoofdstad)
네덜란드	Nederland	Amsterdam
한국	Korea	Seoul
벨기에	België	Brussel
프랑스	Frankrijk	Parijs
독일	Duitsland	Berlijn
영국	England	Londen
스페인	Spanje	Madrid
포르투갈	Portugal	Lissabon
이탈리아	Italië	Rome
미국	Verenigde Staten	Washington D.C.
중국	China	Peking
일본	Japan	Tokio

5 **남성, 여성 국적** (Nationaliteit)

여성 국명 명사는 -e로 끝나는 것이 일반적이다.

나라 이름		국명 형용사	남성 국명 명사	여성 국명 명사	복수형
네덜란드	Nederland	Nederlands	Nederlander	Nederlandse	Nederlanders
한국	Korea	Koreaans	Koreaans	Koreaanse	Koreanen
벨기에	België	Belgisch	Belg	Belgische	Belgen
프랑스	Frankrijk	Frans	Fransman	Franse	Fransen
독일	Duitsland	Duits	Duitser	Duitse	Duitsers
영국	England	Engels	Engelsman	Engelse	Engelsen
스페인	Spanje	Spaans	Spanjaard	Spaanse	Spanjaarden
포르투갈	Portugal	Portugees	Portugees	Portugese	Portugezen
이탈리아	Italië	Italiaans	Italiaan	Italiaanse	Italianen
미국	Verenigde Staten	Amerikaans	Amerikaan	Amerikaanse	Amerikanen
중국	China	Chinees	Chinees	Chinese	Chinezen
일본	Japan	Japans	Japanner	Japanse	Japanners

6 **Heten 동사**

'~라고 불린다'라는 의미로 이름을 말할 때 사용한다.

ik	heet	we	heten
je / u	heet	jullie	heten
hij / ze / het	heet	ze	heten

Hoe heten jullie?   너희 이름이 뭐니?

Ik heet Senna.   나는 세나야.

Hij heet Noa.   그는 노아다.

Veelgebruikte zinnen

🎧 3-2

1 이름 말하기(2)

질문	Hoe heet je?	너 이름이 뭐니?
답변	Ik heet _____.	(제 이름은) _____ 입니다.
	Thijs	타이스
	Jonathan	요나단
	Emma	엠마
	Noor	노르
	Anna	안나

2 출신지 말하기

질문	Waar kom je vandaan?	어디 출신입니까?
답변	Ik kom uit _____.	나는 _____ 출신입니다.
	België	벨기에
	China	중국
	Verenigde Staten	미국
	Duitsland	독일
	Spanje	스페인
	Amsterdam	암스테르담
	Rotterdam	로테르담
	Parijs	파리

3 국적 말하기

Ik ben _____.	나는 _____ 입니다.
Nederlander	네덜란드 남자
Zuid-Koreaanse	한국 여자
Fransman	프랑스 남자
Engelse	영국 여자
Japanner	일본 남자
Italiaanse	이탈리아 여자

Praktische dialogen

🎧 3-3

Gesprek ❶

상황 제3자의 이름 묻기

A: Dag! Mijn naam is Esther.
B: Leuk je te ontmoeten. Ik heet Else.
A: Hoe heet je vriend?
B: Hij heet Rutger.

A: 안녕! 내 이름은 에스더야.
B: 만나서 반가워. 나는 엘스라고 해.
A: 네 친구 이름은 뭐야?
B: 루트커야.

Gesprek ❷

상황 출신지 묻기

A: Ben je Koreaanse?
B: Ja, ik ben Koreaanse. Waar kom je vandaan?
A: Ik ben Engelsman. Leuk je te ontmoeten.
B: Leuk je te ontmoeten!

A: 너는 한국 사람(여성)이니?
B: 응, 나는 한국 사람이야. 너는 어디 출신이야?
A: 나는 영국 사람이야. 만나서 반가워.
B: 만나서 반가워!

Oefeningen

1 다음 대화를 네덜란드어로 쓰고 말해 보세요.

1 A: 너는 네덜란드 사람(여성)이니?   _____

B: 응, 네덜란드 사람이야. 너는?   _____

A: 나는 한국에서 왔어.   _____

B: 만나서 반가워!   _____

2 A: 너는 어디 출신이야?   _____

B: 나는 독일 사람(남성)이야.   _____

A: 베를린에서 왔어?   _____

B: 응, 나는 베를린 출신이야.   _____

2 다음 유명인이 어느 나라 사람인지 쓰고 말해 보세요.

1 Mark Rutte is _____.

2 Angela Merkel is _____.

3 Marion Cotillard is _____.

4 Justin Bieber is _____.

5 David Beckham is _____.

6 Will Smith is _____.

3 다음 단어의 복수형을 쓰세요.

1 Nederlander   _____

2 Duitser   _____

3 Fransman   _____

4 Engelsman   _____

5 Italiaan   ------------------------------------

6 Spanjaard   ------------------------------------

7 Belg   ------------------------------------

8 Amerikaan   ------------------------------------

4 주어진 어간을 보고 알맞은 동사원형을 쓰세요.

1 koop   사다   ------------------------------------

2 speel   연주하다   ------------------------------------

3 zing   노래하다   ------------------------------------

4 spreek   말하다   ------------------------------------

5 maak   만들다   ------------------------------------

6 studeer   공부하다   ------------------------------------

7 kijk   보다   ------------------------------------

8 luister   듣다   ------------------------------------

5 다음 질문에 대한 답변을 긍정 혹은 부정으로 쓰고 말해 보세요.

─────────────────┤ 보기 ├─────────────────

질문 Ben je Koreaanse?

답변 (긍정) Ja, ik ben Koreaanse.

     (부정) Nee, ik ben geen Koreaanse.

──

1 Ben je Engelse?   (긍정) ------------------------------------

2 Bent u Nederlander?   (부정) ------------------------------------

3 Is ze Franse?   (부정) ------------------------------------

4 Zijn jullie Chinezen?   (긍정) ------------------------------------

 성향   그녀는 매우 친절합니다.
Ze is heel vriendelijk.

Gesprek

🎧 4-1

Emma: Wat voor een persoon ben je?
왓 포르 언 뻬르쏘운 벤 여?

Daan: Ik ben heel ijverig en rustig. En jij?
익 벤 헤일 에이퍼러흐 엔 뤼스뜨흐 엔 예이?

Emma: Ik ben best vriendelijk en sportief.
익 벤 베스트 프린들륵 엔 스포르띠프.

Daan: Ken je David? Hij is ook sportief!
껜 여 다핏? 헤이 이스 오우크 스포르띠프!

Emma: Ik ken hem niet. Jammer!
익 껜 헴 닛트. 야멀!

Daan: Ben je creatief?
벤 여 끄레아띠프?

Emma: Nee, ik ben niet creatief.
네이, 익 벤 닛트 끄레아띠프.

Woorden

persoon 사람

heel 매우

ijverig 부지런하다

rustig 차분하다

best 꽤

vriendelijk 친절하다

sportief 운동을 즐기다

kennen 알다

jammer 아쉽다

creatief 창의적이다

엠마: 너는 어떤 사람이니?

단: 나는 매우 부지런하고 차분해. 너는?

엠마: 나는 꽤 친절하고 운동을 즐기는 사람이야.

단: 너는 다윗을 아니? 개도 운동을 즐겨해!

엠마: 나는 그를 몰라. 아쉽다!

단: 너는 창의적인 사람이야?

엠마: 아니, 창의적이지는 않아.

Grammatica

1 형용사 용법

1) 서술적 용법: 주어 + zijn 동사 + 형용사

'주어 + zijn 동사 + 형용사'는 이름과 직업 외에도 성격, 외모를 표현할 때 사용한다.

mooi 아름답다, 멋지다

Ik ben mooi.   나는 아름답다.

2) 한정적 용법: 수식하는 '명사' 앞

어순은 '관사 + 형용사 + 명사'이다. 명사 앞에 사용된 관사의 종류에 따라 형용사에 -e를 붙이는 경우가 많으니 주의해야 한다. 남성, 여성형은 관사 종류에 관계없이 형용사에 항상 -e를 붙인다.

① -e가 붙는 경우

• 남성형 명사	Een mooie bloem	(불특정) 하나의 아름다운 꽃
	De mooie bloem	(특정) 아름다운 그 꽃
• 여성형 명사	Een mooie vrouw	(불특정) 한 아름다운 여자
	De mooie vrouw	(특정) 아름다운 그 여자
• 정관사 + 중성형 명사	Het mooie huis	멋진 그 집
• 소유형용사 + 중성형 명사	Mijn mooie paard	나의 멋진 말
• (명사의 성에 관계없이) 모든 복수 명사	De mooie bloemen	아름다운 꽃들
	De mooie huizen	멋진 집들

② -e가 붙지 않는 경우

• 부정관사 + 중성형 명사	Een mooi huis	아름다운 하나의 집

3) 부사적 용법

네덜란드어에서는 형용사가 부사로 사용되기도 한다. 이때는 형용사가 명사를 수식하지 않는데, 굉장히 중요한 포인트이므로 반드시 기억해야 한다.

Hij danst mooi.   그는 멋지게 춤을 춘다.

Sander helpt me goed.   산더는 나를 잘 도와준다.

2 부정문 만들기(2): Niet (Negatie)

1) Niet을 사용하는 경우: 주어 + 동사 뒤에 명사가 없는 경우 (Niet은 동사 뒤에 위치)

긍정문	부정문
Ik ben vriendelijk. 나는 친절하다.	→ Ik ben niet vriendelijk. 나는 친절하지 않다.

2) 예외 주어 + 동사 뒤에 명사가 있지만 niet을 사용하는 경우

① 정관사 + 명사 (Niet은 문장 뒤에 위치)

긍정문	부정문
Ik zie **de bus**. 나는 (특정) 버스가 보인다.	→ Ik zie de bus **niet**. 나는 (특정) 버스가 보이지 않는다.

② 전치사 + 명사 (Niet은 전치사 앞에 위치)

긍정문	부정문
Ik ga **naar school**. 나는 학교에 간다.	→ Ik ga **niet** naar school. 나는 학교에 가시 않는다.

③ 대명사 (Niet은 문장 뒤에 위치)

긍정문	부정문
Ik ken **hem**. 나는 그를 안다.	→ Ik ken hem **niet**. 나는 그를 알지 못한다.

⊘ Ik ken geen Jan.

→ 불특정: Jan이라는 이름을 가진 사람을 아무도 모른다.

⊘ Ik ken Jan niet.

→ 특정: 특정한 Jan이라는 친구를 알지 못한다.

③ 목적격 인칭대명사 (Het persoonlijk voornaamwoord: lijdend voorwerpsvorm)

인칭 \ 격	(단수) 주격	(단수) 목적격	(복수) 주격	(복수) 목적격
1인칭	ik	mij(축약: me)	we	ons
2인칭	je / u	jou(축약: je) / u	jullie	jullie
3인칭	hij / ze / het	hem / haar / het	ze	hen / hun / ze

3인칭 복수에서 hen은 기본적으로 목적어 자리 또는 전치사 뒤에 사용한다. 간접목적어
에는 hun을 사용하며, ze는 축약형으로 비공식적인 대화에서 자주 사용한다.

Ik ken hen/ze (de studenten) niet.   나는 그(학생)들을 모른다.

Ik geef een ijsje aan hen(de studenten).   나는 그(학생)들에게 아이스크림을 주었다.

Ik geef hun(de studenten) een ijsje.   나는 그(학생)들에게 아이스크림을 주었다.

④ 부사 heel / best / een beetje / (helemaal) niet + 형용사

- heel   매우, 아주 (erg와 같은 의미. zeer는 문어체, 공식적인 자리에서 사용)
- best   꽤, 제법 (형용사로는 '최고'라는 의미지만, 부사로는 '꽤'라는 의미)
- een beetje   조금, 다소
- helemaal niet 전혀 (부정부사 niet이 들어가기 때문에 긍정형으로 사용 불가)

Ik ben heel koppig.   나는 매우 고집이 세다.

Ik ben best koppig.   나는 꽤 고집이 세다.

Ik ben een beetje koppig.   나는 조금 고집이 세다.

Ik ben helemaal niet koppig.   나는 전혀 고집이 세지 않다.

knap
(외모가) 잘생겼다. (실력이) 대단
하다

Hij is heel knap.   그는 매우 잘생겼다.

Hij is best knap.   그는 꽤 잘생겼다.

Hij is een beetje knap.   그는 조금 잘생겼다.

Hij is helemaal niet knap.   그는 전혀 잘생기지 않았다.

43

5 형용사 비교급

비교급은 기본적으로 '형용사 + -er'의 형태를 취한다. 뒤에 명사가 올 경우, '형용사 + -ere'가 되니 주의해야 한다. 한 가지 더 기억할 것은 형용사가 r로 끝날 경우, '형용사 + -der'로 변한다는 점이다.

Ik ben mooier.	내가 더 이쁘다.
Die jongere man is mijn broer.	저 (더) 젊은 남자가 나의 오빠다.
Deze chocolade is lekkerder.	이 초콜릿이 더 맛있다.

비교 대상이 있는 경우 'dan + 비교 대상'을 추가한다. 비교 대상은 주격, 목적격으로 올 수 있다.

① 주어와 비교하는 경우

Hij geeft haar een grotere cadeau dan **jij**.
그는 너보다 더 큰 선물을 그녀에게 주었다.
→ 그는 너가 그녀에게 준 것보다 더 큰 선물을 그녀에게 주었다.

② 목적어와 비교하는 경우

Hij geeft haar een grotere cadeau dan **jou**.
그는 너에게 준 것보다 그녀에게 더 큰 선물을 주었다.
→ 그가 너에게 준 것보다 더 큰 선물을 그녀에게 주었다.

6 형용사 최상급

서술적 용법의 경우 앞에 het, 형용사에는 -st를 추가한다. 한정적 용법의 경우 명사의 성에 따라 형용사 앞에 de 혹은 het를 쓰고, 형용사를 -ste로 표기해야 한다.

Je bent het mooist.	너가 가장 아름답다.
Je bent de mooiste vrouw.	너가 가장 아름다운 여자이다.
Ze is het mooiste meisje.	그녀가 가장 아름다운 소녀이다.

Veelgebruikte zinnen
🎧 4-2

1 외모 말하기

질문 Hoe zie je eruit?　　　너는 외모가 어때?

답변 Ik ben _____.　　　나는 (외모가) _____ 합니다.

lang	키가 큰
klein	키가 작은
dun	날씬한
dik	뚱뚱한
mooi	아름다운
lelijk	못생긴
blond	금발의

2 성격 말하기

질문 Wat voor een persoon ben je?　너는 어떤 사람이니?

답변 Ik ben _____.　　　나는 (성격이) _____ 합니다.

sociaal	활발한
vriendelijk	친절한
enthousiast	열정적인
behulpzaam	잘 도와주는
zorgzaam	주의 깊은
lief	사랑스러운
koppig	고집이 센
saai	지루한

3 비교하기

Ik ben _____.　　　나는 더 _____ 합니다.

mooier	아름다운
langer	키 큰
aardiger	착한
rustiger	차분한

45

Praktische dialogen

🎧 4-3

Gesprek ❶

상황 친구의 성격 물어보기

A: Wat voor een persoon ben je?
B: Ik ben vriendelijk en kalm.
A: Ben je lui?
B: Nee, ik ben niet lui.

A: 너는 성격이 어때?
B: 나는 친절하고 차분해.
A: 너는 게으르니?
B: 아니, 나는 게으르지 않아.

Gesprek ❷

상황 새로 온 동료의 성격과 외모 물어보기

A: Wat voor een persoon is Jeroen?
B: Hij is heel behulpzaam en grappig.
A: Hoe ziet hij eruit?
B: Hij is de langste man ter wereld!

ter wereld 세상에서

A: 여룬은 어떤 사람이야?
B: 매우 잘 도와주고 재밌는 성격이야.
A: 어떻게 생겼어?
B: 세상에서 가장 키가 큰 남자야!

Oefeningen

1 다음 단어를 네덜란드어로 쓰세요.

1 큰 말   een _____

2 아름다운 여배우   een _____

3 못생긴 남자   een _____

4 오래된 책들   de _____

5 금발의 아이   een _____

6 지루한 책   het _____

7 사랑스러운 소녀   het _____

8 젊은 여성들   de _____

2 다음 한국어 문장을 네덜란드어로 쓰고 말해 보세요.

A: Wat voor een persoon ben je?

B: **1** 나는 부지런하고 창의적이고 사교적인 성격이야.

A: **2** 차분하니?

B: **3** 응, 조용한 성격이야.

A: Hoe ziet Anne eruit?

B: **4** 예쁘고 키도 크고 날씬해.

A: **5** 친절해?

B: **6** 응, 친절하고 착해.

1 _____

2 _____

3 _____

4 _____

5 _____

6 _____

3 부사 heel, best, een beetje, helemaal niet을 사용하여 실제 성격을 표현해
보세요.

1   Ben je enthousiast?   ---

2   Ben je sociaal?   ---

3   Ben je rustig?   ---

4   Ben je lui?   ---

5   Ben je creatief?   ---

6   Ben je muzikaal?   ---

4 다음 문장을 비교급, 최상급 문장으로 쓰세요.

1   Ik ben mooi.

비교급: ---

최상급: ---

2   De vriendelijke vrouw.

비교급: ---

최상급: ---

3   Het oude paard.

비교급: ---

최상급: ---

4   Een saai boek.

비교급: ---

최상급: ---

5   De kleine honden.

비교급: ---

최상급: ---

LES 05

안부 내 여동생이 아파요.

Mijn zusje is ziek.

Woorden

ziek 아픈

dat 그것

erg 유감스러운

toch
그렇지? (Les 9 부가의문문 참조)

ziekenhuis 병원

wensen 소망하다

beterschap 쾌유

danken 고마워하다

nu 지금

beter 더 좋은

Gesprek   🎧 5-1

> **Emma:** Dag, Daan! Hoe gaat het met je familie?
> 다흐, 단! 후 핫 헷 멧 여 파밀리?
>
> **Daan:** Het gaat niet goed. Mijn zusje is ziek.
> 헷트 핫트 닛트 훗트. 메인 쥐쎠 이스 지크.
>
> **Emma:** O, dat is erg. Je hebt twee zusjes toch?
> 오우, 닷트 이스 에르흐. 여 헵트 뜨웨이 쥐쎠쓰 또흐?
>
> **Daan:** Ja, dat klopt. Mijn jongste zusje is in het ziekenhuis.
> 야, 닷트 끌롭쁘트. 메인 용쓰뜨 쥐쎠 이스 인 헷트 지컨하위스.
>
> **Emma:** Ik wens je zusje beterschap.
> 익 웬스 여 쥐쎠 베이떠르스카프.
>
> **Daan:** Dank je! Ze is nu een beetje beter.
> 당 껴! 즈 이스 뉘 언 베이쪄 베이떠르.

엠마: 안녕, 단! 네 가족들은 어떻게 지내?

단: 잘 못 지내. 내 여동생이 아프거든.

엠마: 유감이네. 너는 여동생이 2명 있지, 그렇지?

단: 응, 맞아. 막내 여동생이 병원에 있어.

엠마: 여동생의 쾌유를 기원해.

단: 고마워! 여동생은 조금 나아졌어.

Grammatica

1 기분(상태)을 나타날 때: zijn 동사 + 형용사

'zijn 동사 + 형용사' 조합은 '~한 기분이다, ~한 상태이다'를 나타낼 때도 사용한다.

1) 기분을 나타내는 형용사

boos	화가 난	gelukkig	행복한	blij	기쁜
verlegen	쑥스러운	verdrietig	슬픈		

Anne is heel boos.	안느는 매우 화가 났다.
We zijn gelukkig.	우리는 행복하다.
Ben je blij?	기쁘니?
Ik ben een beetje verlegen.	나는 조금 쑥스럽다.
Je bent niet verdrietig toch?	너 안 슬프지, 그렇지?

2) 상태를 나타내는 형용사

ziek	아픈	moe	피곤한	getrouwd	결혼한
geboren	태어난	lekker	맛있는		

Mijn zusje is ziek.	내 여동생은 아프다.
Ik ben altijd moe.	나는 늘 피곤하다.
Bent u getrouwd?	기혼자입니까?
Ik ben geboren in Korea.	나는 한국에서 태어났다.
Chocolade is lekker.	초콜릿은 맛있다.

2 지소사 (Verkleinwoord)

물체의 작음, 사소함을 나타내고 싶을 때 명사에 기본적으로 -je나 -tje를 붙인다. 이름에 붙여 애칭으로 자주 사용하기도 한다. 명사에 따라 -pje, -etje, -nkje 등으로도 사용된다.

Mijn zusje 여동생   Het huisje 작은 집

✎ TIP

일반적으로 zus는 언니/누나, zusje는 여동생을 칭한다. 마찬가지로 broer는 오빠/형, broertje는 남동생을 칭한다. 손위 형제를 칭할 때 oudere zus, oudere broer라고도 한다.

③ 복수 명사(2)

복수 명사를 만들 때 단수 명사에 -s를 추가하는 형태도 있다.

1) -er, -en, -el, -je로 끝나는 명사

bakker 제빵사 → bakkers, jongen 남자아이 → jongens, zusje 여동생 → zusjes

2) 단어가 a,i,o,u,y로 끝나는 경우: –' s 추가

baby 아기 → baby's, auto 자동차 → auto's, menu 메뉴 → menu's

3) -y 앞에 모음이 있는 경우: -s

essay 글 → essays

그 외에도 -eren을 복수로 갖는 명사와 규칙이 적용되지 않는 명사도 있다.

kind 아이 → kinderen, ei 달걀 → eieren

④ 동사 어간의 추가 규칙(2)

1) 단모음 + 자음 2개인 어간에서는 자음 하나를 생략시켜야 한다.

동사원형	zeggen (말하다)	pakken (잡다)	bellen (전화하다)
어간	zeg	pak	bel

		zeggen	pakken	bellen
단수	1인칭 - ik	zeg	pak	bel
	2인칭 - je / u	zegt	pakt	belt
	3인칭 - hij / ze / het	zegt	pakt	belt
복수	1인칭 - we	zeggen	pakken	bellen
	2인칭 - jullie	zeggen	pakken	bellen
	3인칭 - ze	zeggen	pakken	bellen

2) 동사원형 -en 앞의 z/v를 어간에서는 s/f로 바꿔 사용한다(반대로 말해, 어간이 s/f로 끝나는 경우 각각 z/v로 바꿔야 한다).

동사원형		schrijven (쓰다)	reizen (여행하다)
어간		schrijf	reis

단수	1인칭 - ik	schrijf	reis
	2인칭 - je / u	schrijft	reist
	3인칭 - hij / ze / het	schrijf	reist
복수	1인칭 - we	schrijven	reizen
	2인칭 - jullie	schrijven	reizen
	3인칭 - ze	schrijven	reizen

3) 불규칙 동사

Hebben 동사도 zijn 동사와 마찬가지로 2, 3인칭 단수의 동사가 일치하지 않는 불규칙 동사이다.

동사원형		hebben (가지다, 소유하다)
어간		heb

단수	1인칭 - ik	heb
	2인칭 - je / u	hebt
	3인칭 - hij / ze / het	heeft
복수	1인칭 - we	hebben
	2인칭 - jullie	hebben
	3인칭 - ze	hebben

5 **Gaan 동사(1)**

1과에서 안부를 묻는 표현으로 'Hoe gaat het?'을 살펴보았다. 여기서 동사 gaan은 '가다, 진행하다'로 영어의 go와 동일하다고 생각하면 된다. 그래서 영어의 'How is it going?'과 같다. 'Hoe gaat het?'은 'Hoe gaat het met je?'에서 'met + je'가 생략된 형태이다. 잘 지내냐는 질문에 대한 답으로는, 성/수에 관계없이 'Het gaat + 형용사' 형태이며 'met + 안부 대상자'는 생략하고 대답할 수도 있다. 여기서 안부 대상자는 목적격으로 쓴다.

Het gaat goed met me / haar / hem / ons / ze.
나 / 그녀 / 그 / 우리 / 그들은(는) 잘 지내.

Het gaat goed met David.   다윗은 잘 지내.

'Met + 안부 대상자'를 앞에 쓸 수 있으나, 주어 자리에 전치사 met 없이 안부 대상자를 쓰면 안 된다. 'Met + 안부 대상자'가 앞에 올 때, het과 동사 gaat의 자리가 바뀐다. 앞에 안부 대상자가 올 경우에는 met + me가 아닌 met + mij이다. 또한 편한 상대와는 gaan 동사를 사용하지 않고 goed, fijn, prima 같이 간단하게 답할 수도 있다.

Met David gaat het goed. (○)   다윗은 잘 지내.
David gaat het goed. (×)

부사를 넣어 정도를 표현할 수 있다.

Het gaat heel goed (met me).   나는 매우 잘 지내.
Het gaat heel slecht (met me).   나는 매우 못 지내.
Het gaat niet goed.   못 지내.
Het gaat niet slecht.   나쁘지 않아.

1 (부정적인) 기분 표현하기

Ik ben een beetje _____ .	나는 (상태가) 조금 _____ 합니다.
moe	피곤한
verdrietig	슬픈
zenuwachtig	긴장한
depressief	우울한
boos	화가 난

2 상태 물어보기

Ben je _____ ?	너 _____ (상태)니?
moe	피곤한
getrouwd	결혼한
ziek	아픈
verloofd	약혼한
zwanger	임신한
geslaagd	합격한

3 가족 관계 말하기

Ik heb _____ .	나는 _____ 이(가) 있다.
een (oudere) broer	오빠/형
een (oudere) zus	언니/누나
een broertje	남동생
een zusje	여동생
drie broers	3명의 오빠/형
twee zussen	2명의 언니/누나
geen broers en zussen	형제자매가 없다

4 제3자의 안부 묻기

질문   Hoe gaat het met _____?   _____은(는) 어떻게 지내?

답변   Het gaat goed met _____.   _____은(는) 잘 지내.

haar	그녀
David	다윗
uw vrouw	당신의 아내
je man	너의 남편
de kinderen	아이들
je ouders	너의 부모님

Praktische dialogen

🎧 5-3

Gesprek ❶

상황 친구의 안부 묻기

> A: Maarten, wat is er? Ben je verdrietig?
> B: Nee, ik ben eigenlijk blij. En jij?
> A: Ik ben een beetje moe.
> B: Waarom ben je moe?

eigenlijk 사실

A: 마르턴, 무슨 일이야? 슬프니?

B: 아니, 사실 기분 좋아. 너는?

A: 나는 조금 피곤해.

B: 왜 피곤해?

Gesprek ❷

상황 다른 친구의 안부 묻기

> A: Hilde, hoe gaat het met je?
> B: Met mij gaat het goed! Dank je!
> A: Hoe gaat het met Carlijn?
> B: Het gaat ook goed met haar.

A: 힐드, 어떻게 지내?

B: 잘 지내! 고마워!

A: 카를라인도 잘 지내지?

B: 그녀도 잘 지내.

Oefeningen

1 다음 상태, 감정 형용사를 네덜란드어로 쓰세요.

1 Ik ben _____. (화난)

2 Ik ben _____. (슬픈)

3 Ik ben _____. (아픈)

4 Ik ben _____. (기쁜)

5 Ik ben _____. (피곤한)

6 Ik ben _____. (긴장한)

2 Zijn 동사를 동사 변화하여 넣어 보세요.

1 A: _____ je moe?

   B: Nee, Ik _____ ziek.

2 A: _____ Milou verdrietig?

   B: Ja, Ze _____ verdrietig.

3 A: Hoe _____ het met David?

   B: David _____ depressief.

3 다음 빈칸에 알맞은 형태를 쓰세요.

1 Hoe gaat het met _____ (ze).

2 Het gaat slecht met _____ (we).

3 Hoe is het met _____ (je).

4 Met _____ (hij) gaat het heel goed.

4 다음 동사의 어간을 쓰세요.

1 winnen 이기다 ------------------------

2 wassen 씻다 ------------------------

3 rennen 달리다 ------------------------

4 liggen 눕다 ------------------------

5 proeven 맛보다 ------------------------

6 verliezen 지다 ------------------------

7 lezen 읽다 ------------------------

8 hebben 갖다 ------------------------

5 다음 명사의 복수 형태를 쓰세요.

1 foto 사진 ------------------------

2 kamer 방 ------------------------

3 winkel 가게 ------------------------

4 zusje 여동생 ------------------------

5 moeder 엄마 ------------------------

6 camera 카메라 ------------------------

LES

06

나는 네덜란드어를 조금 할 수 있습니다!

Ik spreek een beetje Nederlands!

Gesprek   6-1

Woorden

taal 언어

bedrijf 회사

dit 이(것)

Renée: Wat studeer je?

Niek: Ik studeer Frans aan de Universiteit Leiden.

Renée: Welke talen spreek je?

Niek: Ik spreek Nederlands, Engels en een beetje Frans. En wat voor werk doe je?

Renée: Ik werk bij een Nederlands bedrijf. Ik werk sinds 2015 bij dit bedrijf.

르네이: 무슨 공부를 하니?

닉: 나는 레이덴 대학에서 프랑스어를 공부해.

르네이: 어떤 언어를 할 수 있니?

닉: 네덜란드어, 영어 그리고 프랑스어를 조금 할 수 있어. 너는 무슨 일을 해?

르네이: 나는 네덜란드계 회사에서 일해. 나는 2015년부터 이 회사에서 일해.

59

Grammatica

1 의문사가 포함된 의문문(1): 의문대명사

의문대명사는 주어, 보어, 목적어로도 쓰인다. 대부분 '의문사 + 동사 + 주어'의 순서로 쓰인다.

의문사	뜻	지칭 종류
wie	누구	사람을 지칭
wat	무엇	사물을 지칭
wat voor (een) + 명사	어떤	종류를 지칭
welk(e) 또는 welk(e) + (명사) (영어 which)	어느 쪽, 어느 것 (혹은 구체적인 명사)	선택을 지칭

Wie is Adam?   아담이 누구야?

Wat studeer je?   무슨 공부를 하니?

Wat voor een persoon ben je?   너는 어떤 (종류의) 사람이야?

Welke talen spreek je?   어느 것(초콜릿)이 더 맛있어?

2 국명 형용사

1) 국적을 말할 때

'주어 + zijn 동사 + 국명 형용사'로 말할 수 있다. 성/수의 구분없이 국명 형용사의 형태는 변하지 않으며 항상 대문자로 표기해야 한다.

Ik ben Nederlands.   나는 네덜란드 사람이다.

Ben je Spaans?   너는 스페인 사람이니?

Renée is Frans.   르네이는 프랑스 사람이다.

Ze zijn Chinees.   그들은 중국 사람이다.

2) 언어를 말할 때

언어명과 국명 형용사는 일치한다. 언어명 앞에 부정은 항상 geen을 사용한다.

Ik spreek Engels.   나는 영어를 한다.

Ik spreek geen Nederlands. 나는 네덜란드어를 못한다.

Mijn vrienden studeren Koreaans. 내 친구들은 한국어를 공부한다.

3) 그 외에 어떤 나라의 음식, 문화, 회사, 식당 등을 말할 때 국명 형용사를 사용한다. 명사의 성에 따라 국명 형용사에 -e가 추가되기도 한다.

Ik ga naar een Italiaans restaurant.
나는 이탈리아 레스토랑에 간다.

Ik ben geïnteresseerd in de Koreaanse cultuur.
나는 한국 문화에 관심이 있다.

③ 부사: 언어 능력 수준 말하기

'heel goed(아주 잘한다), goed(잘한다), een beetje(조금 한다), niet goed(잘 못한다), geen(못한다), helemaal geen(전혀 못한다)'을 사용하여 언어 구사 능력을 나타낼 수 있다.

	〈부사〉	〈언어〉	
Ik spreek	heel goed	Nederlands.	나는 네덜란드어를 아주 잘한다.
	goed	Engels.	나는 영어를 잘한다.
	een beetje	Portugees.	나는 포르투갈어를 조금 한다.
	niet goed	Duits.	나는 독일어를 잘 못한다.
	(helemaal) geen	Japans.	나는 일본어를 (전혀) 못한다.

④ 전치사(1): 장소, 위치, 방향

op, aan, bij 같은 전치사는 쓰임새가 굉장히 넓고 모호하기 때문에 맥락에 맞춰 이해하는 연습이 필요하다.

전치사	뜻	자주 쓰는 예
op	~의 위에(접촉)	op tafel 책상 위에 올려져 있을 때
		op school 학교에서, op straat 길에서
aan	~에(접촉, 부착)	aan de universiteit 대학에
		aan tafel 책상에 앉아 있음

bij	특정한 곳, 지점에서	bij een bedrijf 회사에서, bij het station 역에서
in	도시, 국가 안에	in Nederland 네덜란드에, in Amsterdam 암스테르담에
	큰 공간 안에	in trein 기차 안에
boven	~의 위쪽에(접촉 없음)	boven de tafel 책상보다 위에
onder	아래	onder de tafel 책상 아래
naast	옆	naast de tafel 책상 옆에
voor	앞	voor het huis 집 앞에
achter	뒤	achter het huis 집 뒤에
tussen	사이	tussen de stoel en de deur 의자와 문 사이
naar	~로	naar school 학교로

5 지시대명사(2)

de 관사를 쓰는 남성형, 여성형 명사에는 deze(이것), die(저것)를 사용하고, het 관사를 쓰는 중성형 명사에는 dit(이것), dat(저것)을 사용한다. 하지만 중성형 명사가 복수일 경우 de 관사를 사용하므로 deze, die를 사용한다.

구분	de 관사 명사	het 관사 명사
이것(들)	deze	dit
저것(들)	die	dat

6 지시형용사

deze, die, dit, dat은 뒤에 명사를 수식하는 지시형용사로도 쓰인다.

deze man	이 남자	dit boek	이 책
die man	저 남자	dat boek	저 책
deze mannen	이 남자들	deze boeken	이 책들
die mannen	저 남자들	die boeken	저 책들

Veelgebruikte zinnen

1 국적 말하기(2)

Ik ben _____.	나는 _____ 입니다.
Koreaans	한국인
Nederlands	네덜란드인
Belg	벨기에인
Chinees	중국인
Amerikaans	미국인
Duits	독일인

2 구사 가능한 언어 말하기

Ik spreek _____.	나는 _____ 를 말합니다.
Nederlands	네덜란드어
Engels	영어
Koreaans	한국어
Spaans	스페인어
Frans	프랑스어
Chinees	중국어
Russisch	러시아어

3 직장 말하기

Ik werk _____.	나는 _____ 일합니다.
bij een restaurant	레스토랑에서
bij een bedrijf	회사에서
in een ziekenhuis	병원에서
op een school	학교에서
bij de gemeente	관공서에서
bij een bank	은행에서

Praktische dialogen

🎧 6-3

Gesprek ❶

상황 네덜란드어 선생님의 국적 묻기

A: Hoe heet de nieuwe docent Nederlands?
B: Zijn naam is Jan.
A: Is hij Nederlands?
B: Ja, hij is Nederlander. Hij is heel vriendelijk.

A: 새로 오신 네덜란드어 선생님 성함이 뭐지?
B: 얀이라고 해.
A: 네덜란드 사람이셔?
B: 응, 네덜란드 분이셔. 그는 매우 친절해.

Gesprek ❷

상황 언어 능력 말하기

A: Spreek je goed Nederlands?
B: Ik spreek een beetje Nederlands.
A: Spreek je ook Duits?
B: Nee, ik spreek helemaal geen Duits.

A: 네덜란드어를 잘하니?
B: 네덜란드어를 조금 할 수 있어.
A: 독일어도 해?
B: 아니, 독일어는 전혀 못해.

Oefeningen

1 다음 직업의 사람들이 일하는 장소를 쓰세요.

1 Marije is lerares.   Ze werkt op een _____ .

2 Jonathan is bankier.   Hij werkt bij een _____ .

3 Carolien is professor.   Ze werkt bij een _____ .

4 Maarten is dokter.   Hij werkt in een _____ .

2 다음 사람들은 어떤 언어를 말하는지 쓰세요.

1 Paris Hilton is Amerikaanse en ze spreekt _____ .

2 Kylian Mbappé is Fransman en hij spreekt _____ .

3 Lionel Messi is Argentijns en hij spreekt _____ .

4 Vladimir Putin is Rus en hij spreekt _____ .

3 다음 빈칸에 알맞은 의문사를 쓰세요.

1 _____ is zijn naam?

2 _____ is meneer de Boer?

3 _____ persoon ben je?

4 _____ talen spreek je?

5 _____ werk doe je?

4 다음 빈칸에 알맞은 전치사를 쓰세요.

1 의자 아래   ----------------------------- de stoel

2 의자 옆에   ----------------------------- de stoel

3 문 앞에   ----------------------------- de deur

4 문 뒤에   ----------------------------- de deur

5 책상 위에(접촉)   ----------------------------- de tafel

6 책상 위쪽에(비접촉)   ----------------------------- de tafel

5 다음 문장을 네덜란드어로 쓰고 말해 보세요.

1 나는 네덜란드어를 매우 잘한다.   ---

2 나는 네덜란드어를 잘한다.   ---

3 나는 네덜란드어를 조금 한다.   ---

4 나는 네덜란드어를 잘 못한다.   ---

5 나는 네덜란드어를 전혀 못한다.   ---

LES 07

 날짜 　오늘 며칠인가요?

Wat is de datum van vandaag?

Gesprek　　　　　　　　　　　　　　　🎧 7-1

Woorden

datum 날짜

van ~의

vandaag 오늘

jarig 생일인

echt waar?
진짜?(대화체에서 많이 사용)

gefeliciteerd 축하해

danken 감사하다

nu 지금

Emma: Wat is de datum van vandaag?

Niek: Het is 15 februari.

Emma: Ik ben jarig vandaag!

Niek: Echt waar? Gefeliciteerd met je verjaardag!

Emma: Dank je wel!

Niek: Hoe oud ben je nu?

Emma: Ik ben achtentwintig.

엠마: 오늘 며칠이야?

닉: 2월 15일이야.

엠마: 오늘 내 생일이야!

닉: 진짜? 생일 축하해!

엠마: 고마워!

닉: 이제 몇 살이야?

엠마: 스물 여덟살이야.

Grammatica

1 요일 (Dag) 말하기

요일은 소문자로 표기한다. 요일을 말할 때는 3인칭 비인칭 주어 het을 사용한다.

월요일	화요일	수요일	목요일	금요일	토요일	일요일
maandag	dinsdag	woensdag	donderdag	vrijdag	zaterdag	zondag

Welke dag is het (vandaag)?   (오늘은) 무슨 요일입니까?
Het is vrijdag.   금요일입니다.

2 월 (Maand) 말하기

월도 요일과 마찬가지로 소문자로 표기한다. 월을 말할 때도 3인칭 비인칭 주어 het을 사용한다.

1월	2월	3월	4월	5월	6월
januari	februari	maart	april	mei	juni
7월	8월	9월	10월	11월	12월
juli	augustus	september	oktober	november	december

Welke maand is het?   몇 월입니까?
Het is juni.   6월입니다.

3 날짜 표기 (De datumnotatie)

날짜는 일–월–년 순서로 표기한다.

Wat is de datum van vandaag?   오늘은 며칠인가요?
Het is 9 september 2021.   오늘은 2021년 9월 9일입니다.

4 **숫자 세기(1) (De Getallen)**

20까지는 한 개의 단어이다. 21부터는 십의 자리와 일의 자리를 en으로 연결한다. 이때 일의 자릿수가 먼저 온다는 점을 기억해야 한다.

0	nul	10	tien	20	twintig
1	één	11	elf	21	eenentwintig
2	twee	12	twaalf	22	tweeëntwintig
3	drie	13	dertien	23	drieëntwintig
4	vier	14	viertien	24	vierentwintig
5	vijf	15	vijftien	25	vijfentwintig
6	zes	16	zestien	26	zesentwintig
7	zeven	17	zeventien	27	zevenentwintig
8	acht	18	achtien	28	achtentwintig
9	negen	19	negentien	29	negenentwintig

5 **의문사가 포함된 의문문(2): 의문부사 (Het vragend bijwoord)**

6과에서 wie, wat, welke, wat voor een과 같이 대명사로 사용되는 의문사를 살펴보았다면 이번에는 가장 기본적인 의문부사를 사용하여 의문문을 만들어 보는 방법을 살펴보겠다. 어순은 '의문부사 + 동사 + 주어 + 나머지'이다.

의문부사	뜻	지칭 종류
waar	어디	장소를 지칭
wanneer	언제	시간을 지칭
hoe	어떻게/얼마나	방법을 지칭
waarom	왜	이유를 지칭

TIP
hoe는 영어 who와 발음이 같지만 뜻을 헷갈리지 않도록 한다.

Waar is de bank?	은행이 어디야?
Wanneer ben je jarig?	너 언제 생일이야?
Hoe bak je een taart?	케이크는 어떻게 구워?
Hoe lang ben je?	너는 얼마나 키가 크니?
Waarom ben je boos?	왜 화났어?

6 의문사 hoe(1)

나이를 물을 때는 '의문사 hoe(얼마나) + oud(나이가 많은)'을 사용하면 된다. 이때 동사는 zijn 동사를 사용한다.

Hoe oud ben je?	너는 몇 살이야?
Ik ben 25 (jaar oud).	나는 25살이야.
Hoe oud zijn ze?	그들은 몇 살이야?
Ze zijn 31 (jaar oud).	그들은 31살이야.

Veelgebruikte zinnen 🎧 7-2

1 오늘 날짜 말하기

Het is _____ vandaag.　　오늘은 _____ 입니다.

5 april	4월 5일
26 augustus	8월 26일
2 september	9월 2일
15 november	11월 15일

2 공휴일 물어보기

Wanneer is _____?　　_____은(는) 언제입니까?

Koningsdag	왕의 날
kerst	크리스마스
Pasen	부활절
oud en nieuw	신년전야(12월 31일 밤)
Bevrijdingsdag	해방의 날

3 나이 물어보기

Hoe oud is _____?　　_____은(는) 몇 살입니까?

je man	네 남편
je moeder	네 어머니
uw zus	당신의 언니/누나
uw leraar	당신의 선생님

4 축하하기

Gefeliciteerd met je _____!　　너의 _____을(를) 축하해!

verjaardag	생일
huwelijk	결혼
man	남편(의 좋은 일)
nieuwe baan	새로운 일자리
nieuwe woning	새로운 거처(집)

✏ TIP
네덜란드에서는 누군가에게 좋은
일이 있을 때, 그 사람의 가족에게
도 축하의 말을 전한다.

Praktische dialogen

🎧 7-3

Gesprek ❶

상황 오늘 날짜 및 공휴일 물어보기

A: Wat is de datum van vandaag?
B: Het is 25 April.
A: Wanneer is koningsdag in Nederland?
B: Het is 27 April.

A: 오늘 며칠이야?
B: 4월 25일이야.
A: 네덜란드에서 왕의 날은 언제야?
B: 4월 27일이야.

✎ TIP
네덜란드는 매년 날짜 및 요일이 변경되는 공휴일이 있기 때문에 미리 알아봐야 한다.

Gesprek ❷

상황 동갑인 친구끼리의 대화

A: Hoe oud ben je? Ik ben 28.
B: Ik ben ook 28.
A: We zijn even oud!
B: Wanneer ben je jarig?

A: 너는 몇 살이야? 나는 28살이야.
B: 나도 28살이야.
A: 우리 동갑이네!
B: 너 생일이 언제야?

✎ TIP
even은 형용사로 '짝수의', 부사로 '잠깐, 동등하게'라는 뜻이다.

72

Oefeningen

1 다음 날짜를 네덜란드어로 쓰고 말해 보세요.

1   1월 13일입니다. _____

2   3월 5일입니다. _____

3   6월 21일입니다. _____

4   7월 18일입니다. _____

5   10월 27일입니다. _____

6   12월 25일입니다. _____

2 다음 날짜를 네덜란드어로 쓰세요.

1   Wanneer is Valentijnsdag?

_____

2   Wanneer is Nieuwjaar?

_____

3   Wanneer is koningsdag?

_____

4   Wanneer is Kerstmis?

_____

Kerstmis 성탄절

73

3 다음 해석을 참고하여 빈칸에 알맞은 의문사를 쓰세요.

1 .... is Anne?   안느는 어디에 있어?

2 .... werkt in een ziekenhuis?   누가 병원에서 일해?

3 .... studeer je?   무슨 공부해?

4 .... gaat het met je ouders?   너의 부모님은 어떻게 지내셔?

5 .... is Sander moe?   산더는 왜 피곤해?

6 .... ben je jarig?   언제 생일이야?

4 다음 네덜란드어를 숫자로 쓰세요.

1 één   ....

2 zeven   ....

3 elf   ....

4 zestien   ....

5 tweeëntwintig ....

6 achtentwintig ....

LES 08

지금 몇 시인가요?

Hoe laat is het nu?

Gesprek

🎧 8-1

bedankt (원형: bedanken)
감사하다, 고맙다

voor ~에 대해

wachten 기다리다

Hoe laat 몇 시

beginnen 시작하다

lang 길다

duren 걸리다

ongeveer 대략

Zullen we ~
~할래? (Les 11 참조)

samen 함께

lunchen 점심 식사하다

Jasmijn:	Bedankt voor het wachten.
Niek:	Geen probleem. Hoe laat is het nu?
Jasmijn:	Het is elf uur.
Niek:	Hoe laat begint de Nederlandse les?
Jasmijn:	Om kwart over elf.
Niek:	We zijn een beetje laat! hoe lang duurt de les?
Jasmijn:	De les duurt ongeveer een uur.
Niek:	Zullen we samen lunchen na de les?
Jasmijn:	Dat lijkt me goed!

야스메인: 기다려줘서 고마워.

닉: 천만에. 지금 몇 시야?

야스메인: 11시야.

닉: 네덜란드어 수업은 몇 시에 시작해?

야스메인: 11시 15분에.

닉: 우리 조금 늦었다! 수업은 얼마나 걸리지?

야스메인: 대략 1시간 걸려.

닉: 수업 끝난 뒤에 점심 먹을래?

야스메인: 좋은 생각이야!

Grammatica

1 숫자 세기(2)

십 단위를 나타낼 때는 숫자에 -tig를 붙이면 된다. 예를 들어, 40은 veertig, 50은 vijftig, 60은 zestig이다. 하지만 예외로 20은 twintig, 30은 dertig, 80은 tachtig이므로 유의해야 한다. 30 이후의 숫자도 여전히 일의 자릿수가 앞에, 십의 자릿수가 뒤에 온다.

30	dertig	40	veertig
31	eenendertig	50	vijftig
32	tweeëndertig	60	zestig
33	drieëndertig	70	zeventig
34	vierendertig	80	tachtig
35	vijfendertig	90	negentig
36	zesendertig	100	honderd
37	zevenendertig		
38	achtendertig		
39	negenendertig		

✒ TIP
80만 achtig가 아님을 주의해야 한다.

2 의문사 hoe(2)

1) '의문부사 Hoe + laat'의 조합은 '몇 시'를 의미한다. 시간을 말할 때에도 비인칭 주어 het과 동사 is를 사용하기에 시간을 묻는 질문은 'Hoe laat is het?'이 된다.

> Hoe laat + 동사 + 주어 + 나머지

Hoe laat is het in Korea?	한국은 몇 시야?
Hoe laat begint het concert?	콘서트는 몇 시에 시작해?
Hoe laat ga je naar school?	몇 시에 학교에 가?
Hoe laat komen jullie thuis?	너희는 몇 시에 집에 와?
Hoe laat sluit het italiaanse restaurant?	이탈리아 레스토랑은 몇 시에 닫아?

naar 어디로
thuis 집으로
sluiten 닫다

2) 시간이 얼마나 걸리는지 묻고 싶을 때, 의문부사 **Hoe lang**(얼마나 길게)에 **duren**(걸리다) 동사의 3인칭 단수를 사용하여 표현한다.

Hoe lang duurt + 주어

Hoe lang duurt de les? 수업은 얼마나 걸려?

Hoe lang duurt de vlucht? 비행시간은 얼마나 걸려?

Hoe lang duurt het? 얼마나 걸려?

---

3 **시간 읽기** (Kloklezen)

1) 정각일 때

정각을 나타낼 때는 시각 뒤에 시 단위 uur를 붙인다.

Hoe laat is het? 몇 시야?

Het is één uur. 한 시야.

2) 시 + 분으로 말하기

예를 들어 4시 30분은 지난 시간(4시)이 아닌 다가오는 시간(5시)에 half(30분)을 붙여 half 5라고 표현한다. 그 외에는 시간 접속사 voor(전), over(후)를 사용한다. 15분은 kwart over, 45분은 kwart voor를 사용하고 그 외의 숫자는 over, voor를 사용해서 말한다.

1 ~ 15분	정시로부터 ~분 지났음 (over)
16 ~ 30분	30분까지 ~분 남음 (voor half)
31 ~ 45분	30분으로부터 ~분 지났음 (over half)
46 ~ 60분	정시까지 ~분 남음 (voor)

4시 05분	vijf over 4	4시 35분	vijf over half 5
4시 10분	tien over 4	4시 40분	tien over half 5
4시 15분	kwart over 4	4시 45분	kwart voor 5
4시 20분	tien voor half 5	4시 50분	tien voor 5
4시 25분	vijf voor half 5	4시 55분	vijf voor 5
4시 30분	half 5	5시 00분	vijf uur

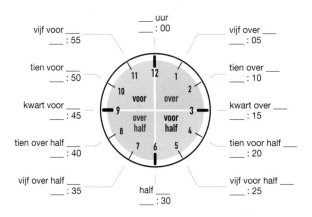

4 전치사(2): 시간

전치사	뜻	자주 쓰는 예	
om	(구체적인 시간)에	om 15 uur	오후 3시에
op	(요일, 날짜)에	op 15 februari	2월 15일에
		op donderdag	목요일에
in	(긴 시간)에	in 1990	1990년에
		in juni	6월에
		in zomer	여름에
		in de avond	밤에
voor	~전에	voor 7 uur	7시 전에
	~동안	voor 2 weken	2주 동안
over	~(지난) 후에	over 4 dagen	4일 (지난) 후에
na	~후에	na 3 jaar	3년 후에
tot	~까지	tot morgen	내일까지
tijdens	~동안	tijdens de winter	겨울 동안
sinds	~부터	sinds 2015	2015년부터
vanaf	~부터	vanaf 2050	2050년부터
binnen	~내로	binnen 10 minuten	10분 내로
van ~ tot ~	~부터 ~까지	van 9 tot 5	9시부터 5시까지

5 **om 사용법(1)**

Hoe laat begint de les?	수업은 몇 시에 시작해?
De les begint om 5 uur.	수업은 5시에 시작해.

동사를 생략하고 'om + 시간'을 사용해 간단히 말할 수도 있다.

Om zes uur 's ochtends	아침 6시에	's ochtends	아침에
Om negen uur 's morgens	아침 9시에	's morgens	아침에
Om vijf uur 's middags	오후 5시에	's middags	오후에
Om zeven uur 's avonds	저녁 7시에	's avonds	저녁에
Om elf uur 's nachts	밤 11시에	's nachts	밤에

6 **동명사 (Een verbaal substantief)**

영어의 동명사는 -ing 형태를 취하지만, 네덜란드어에서 동명사는 동사원형의 형태로 사용된다. (정확히는 '관사 + 동사(원형)'를 명사 취급한다. 앞의 관사는 생략 가능하다.) 'Bedankt voor het wachten.' 같은 경우에도 전치사 voor 뒤에 het wachten이 명사로 취급되어 '전치사 + 명사' 규칙에 부합하다.

Zingen is leuk.	노래 부르는 것은 재밌다.
Zwemmen is gezond.	수영(하는 것)은 건강에 좋다.

Veelgebruikte zinnen

🎧 8-2

1 시간 말하기

질문	Hoe laat is het?	몇 시입니까?
답변	Het is _____.	_____입니다.

3 uur	3시
kwart over 4	4시 15분
half 11	10시 30분
kwart voor 9	8시 45분

2 일정 물어보기

Hoe laat _____?	몇 시에 _____ 하니?

is het feest	파티
begint het wedstrijd	경기를 시작하다
eet je brunch	브런치를 먹다
ga je naar bed	사러 가다
komt de post	우편물이 오다
speelt Ajax	아약스 경기를 하다

3 감사 표현하기

Bedankt voor _____.	_____ 고마워.

je hulp	도움
je zorg	걱정
je cadeau	선물
de uitnodiging	초대
je tijd	시간
alles	모든 것
het komen	와줘서
het luisteren	들어줘서

④ 감사에 대해 응답하기

Bedankt voor je hulp!

도와줘서 고마워! (너의 도움에 고마워!)

Alsjeblieft.

천만에.

= Alstublieft.

= Graag gedaan.

= Geen probleem.

= Geen dank.

Praktische dialogen

8-3

Gesprek ❶

상황 수업시간 묻기

A: Hoe laat begint de Nederlandse les?
B: Om kwart over 8.
A: Tot wanneer?
B: Tot kwart voor 10.

A: 네덜란드어 수업은 몇 시에 시작해?
B: 8시 15분에.
A: 언제까지?
B: 9시 45분까지.

Gesprek ❷

상황 친구에게 감사 표현하기

A: Gefeliciteerd met je verjaardag!
B: Dank je wel.
A: Geen dank. Ik heb een cadeau voor je.
B: Bedankt voor het cadeau.

A: 생일 축하해!
B: 고마워.
A: 천만에. 너를 위한 선물이 있어.
B: 선물 고마워.

Oefeningen

1 다음 시간을 네덜란드어로 쓰세요.

1 4시 20분 _____

2 9시 30분 _____

3 11시 45분 _____

4 5시 40분 _____

5 6시 15분 _____

2 다음 행사 시작 시간을 네덜란드어로 쓰고 말해 보세요.

1 Hoe laat begint het feest?

Het begint om _____. (6:00 PM)

2 Hoe laat begint het wedstrijd?

Het begint om _____. (10:45 PM)

3 Hoe laat begint de bruiloft?

Het begint om _____. (11:30 AM)

4 Hoe laat begint de Engelse les?

Het begint om _____. (4:15 PM)

5 Hoe laat begint de vergadering?

Het begint om _____. (6:20 AM)

3 다음 빈칸을 채우세요.

1 Hoe _____ duurt de les?
   수업이 얼마나 걸려?

2 Hoe _____ het met je?
   어떻게 지내?

3 Hoe _____ ben je?
   몇 살이야?

4 Hoe _____ je?
   이름이 어떻게 돼?

5 Hoe _____ begint de vergadering?
   몇 시에 모임이 시작해?

4 다음 빈칸에 알맞은 시간 전치사를 쓰세요.

1 Ik ben _____ 1992 geboren.   나는 1992년에 태어났다.

2 We zijn getrouwd _____ 2017.   우리는 2017년부터 부부다.

3 Esther studeert _____ 5 uur.   에스더는 5시까지 공부한다.

4 De film begint _____ 10 uur.   영화는 10시에 시작한다.

5 Ik ga _____ dinsdag naar Korea.   나는 화요일에 한국에 간다.

6 Hans is _____ 14 mei jarig.   한스는 5월 14일에 생일이다.

7 De zomer begint _____ juni.   여름은 6월에 시작한다.

8 Werk je _____ 9 _____ 6?   9시부터 6시까지 일하니?

날씨 오늘 날씨가 어떤가요?

Hoe is het weer vandaag?

Gesprek 🎧 9-1

Woorden

weer 날씨

daar 거기

regenen 비 오다

koud 춥다

waaien 불다

of niet? 그렇지?

hard 강하게, 딱딱하게

wees zijn의 명령형

voorzichtig 조심하다

alsjeblieft 천만에, 제발

Renée: Hoe is het weer vandaag in Amterdam?

Daan: Het is warm. Hoe is het weer daar?

Renée: Het regent hier.

Daan: Is het koud?

Renée: Het is een beetje koud.

Daan: Wat erg! De wind waait ook, of niet?

Renée: De wind waait ook hard.

Daan: Wees voorzichtig, alsjeblieft.

르네이: 오늘 암스테르담 날씨가 어때?

단: 따뜻해. 거기는 어때?

르네이: 여기는 비가 와.

단: 추워?

르네이: 조금 추워.

단: 안됐다! 바람도 불지, 그렇지?

르네이: 바람도 많이 불어.

단: 조심해, 제발.

85

Grammatica

1 날씨 말하기

1) 형용사 사용

날씨가 어떤 상태인지 말하는 형용사는 비인칭 주어 het과 3인칭 단수 동사 is를 사용한다.

Hoe is het weer?	날씨가 어떻습니까?
Het is mooi (weer).	날씨가 좋다.
Het is lekker (weer).	날씨가 좋다.
Het is slecht (weer).	날씨가 안 좋다.
Het is koud.	춥다.
Het is warm.	따뜻하다.
Het is heet.	덥다.
Het is fris.	시원하다. / 서늘하다.
Het is vochtig.	습하다.
Het is bewolkt.	구름이 꼈다.
Het is winderig.	바람이 분다.
Het is zonnig.	햇빛이 쨍쨍하다.

'~이 되다'라는 동사 worden을 사용하면 날씨 변화를 나타낼 수 있다.

Het wordt koud.	추워진다.
Het wordt warm.	더워진다.

2) 동사 사용

비, 눈, 바람, 해 등의 날씨를 표현하는 동사가 있다. 3인칭 단수 동사로 표현한다.

regenen	sneeuwen	vriezen	schijnen	waaien
비가 오다	눈이 오다	언다	비치다	불다

Het regent.	비가 온다.	Het sneeuwt.	눈이 온다.
Het vriest.	언다.	De zon schijnt.	해가 비친다.
De wind waait.	바람이 분다.		

2 부사로 날씨 정도 말하기

의미 \ 동사	zijn 동사 (위치: 형용사 앞)	일반 동사 (위치: 동사 뒤)
매우	heel	(heel) hard
꽤	best	best hard
조금	een beetje	een beetje
아닌	niet	niet

Het is heel koud.	매우 춥다.
Het is best koud.	꽤 춥다.
Het is een beetje koud.	조금 춥다.
Het is niet koud.	춥지 않다.

✒ TIP

'Het vriest hard'는 '단단하게 언다'는 뜻이다.

Het regent hard.	비가 많이 온다.
Het regent best hard / veel.	비가 꽤 많이 온다.
Het regent een beetje.	비가 조금 온다.
Het regent niet.	비가 안 온다.

3 감탄문 말하기(1)

가장 기초적인 감탄문을 만드는 방법으로 의문사 wat 다음에 형용사를 붙여주는 방법
이 있다. 어순은 'wat + (관사) + 형용사 + 명사'인데 명사, 형용사 각각 생략이 가능
하다.

Wat een koud weer!	정말 추운 날씨다!
Wat een mooi huis!	정말 멋진 집이다!
Wat een weer!	엄청난 날씨다!
Wat een huis!	엄청난 집이다!
Wat koud!	정말 춥다!
Wat mooi!	멋지다!

4 부가의문문 (De Aangeplakte vragen)

1) 상대에게 동의를 구할 때, 부가의문문의 역할을 하는 'hè?', 'toch?'를 문장 끝에 붙여 사용한다. toch는 동사 뒤 문장 중간에 위치하기도 한다.

Koud, hè?   춥지, 그렇지?

Je bent Maarten, toch?   너 마르튼이지, 그렇지?

2) 상대에게 동의를 구할 때, '긍정문 + of niet?', '부정문 + of wel?'을 사용하기도 한다.

Je hebt honger, of niet?   너 배고프지, 그렇지?

Je hebt geen honger, of wel?   너 배 안 고프지, 그렇지?

Je werkt vandaag, of niet?   너 오늘 일하지, 그렇지?

Je werkt vandaag niet, of wel?   너 오늘 일 안 하지, 그렇지?

5 명령문 (De imperatief)

명령할 때(2인칭 je, jullie를 대상)는 동사가 문장 맨 앞에 위치하고 주어는 생략한다. 명령문에서 동사는 1인칭 단수의 형태를 취한다.

Komt hier. (×)

Kom hier. (○)   이리 와.

even과 함께 사용하면 조금은 부드러운 명령문이 된다.

Kom hier even.   이리 잠깐 와봐.

> ✎ TIP
>
> hé는 누군가를 부를 때 사용하는데, hè와 혼동하지 않도록 한다.

6 zijn 동사의 명령문

동사 wees를 사용하며 구어체에서 사용된다. 가장 쉽게 사용할 수 있는 형태는 'wees + 형용사'이다.

Ben blij! (×)

Wees blij! (○)   기뻐해!

Wees voorzichtig!   조심해!

Wees rustig!   차분하게 해!

Veelgebruikte zinnen

1 날씨 말하기

Het _____.	날씨가 _____.
is koud	춥다
is vochtig	습하다
is fris	시원, 서늘하다
regent	비가 온다
sneeuwt	눈이 온다
wordt warm	더워진다

2 기온 말하기

De temperatuur is _____.	기온이 _____ 입니다.
28 graden	28도
16 graden	16도
min 4 graden	영하 4도
min 12 graden	영하 12도
22 graden gemiddeld	평균 22도

3 감탄하기

Wat _____!	정말 _____!
een mooi weer	날씨가 좋다
een slecht weer	날씨가 안 좋다
koud	춥다
mooi	멋지다
vervelend	속상하다
erg	유감이다
slim	똑똑하다
een toestand	엄청난 상황이다
een onzin	엄청난 난센스다

4 지시하기

Wees _____!   _____ 해라!

    voorzichtig   조심하다

    eerlijk   정직하다

    stil   조용하다

    niet bang   두려워하지 않다

Praktische dialogen

🎧 9-3

Gesprek ❶

상황 오늘의 날씨와 기온 묻기

A: Hoe is het weer vandaag?
B: Het is koud en bewolkt.
A: Wat is de gemiddelde temperatuur?
B: Het is 6 graden.

A: 오늘 날씨 어때요?
B: 춥고 구름이 많아요.
A: 평균 기온은 어때요?
B: 6도예요.

Gesprek ❷

상황 날씨 정도 말하기

A: De wind waait hard, hè?
B: Ja, dat klopt.
A: Wees voorzichtig!
B: Jij ook! Bedankt voor je lieve woorden.

A: 바람이 많이 부네, 그렇지?
B: 응, 맞아.
A: 조심해!
B: 너도! 친절한 말 고마워.

Oefeningen

1 다음 빈칸에 알맞은 동사 형태를 넣어 날씨를 표현해 보세요.

1 Het _____ koud.   춥다.

2 De zon _____.   해가 비치다.

3 Het _____.   비가 오다.

4 Het _____ fris.   서늘하다.

5 De wind _____.   바람이 불다.

6 Het _____.   눈이 오다.

7 Het _____ warm.   따뜻하다.

8 Het _____.   얼다.

2 다음 빈칸에 날씨의 정도를 올바르게 표현해 보세요.

1 Het is _____ heet.   매우 덥다.

2 Het sneeuwt _____.   눈이 조금 오다.

3 Het is _____ koud.   꽤 춥다.

4 Het regent _____.   비가 많이 오다.

5 Het is _____ warm.   따뜻하지 않다.

6 De wind waait _____.   바람이 강하게 분다.

3 다음 빈칸에 알맞은 단어를 넣으세요.

1 Wat een _____ meisje!   정말 사랑스러운 소녀구나!

2 _____ stil!   조용히 해!

3 _____ naar huis!   집에 가!

4 Wat _____!   춥다!

5 Je bent Anne, of _____?   너 안느구나, 그렇지?

병원 나는 의사 선생님께 가요.
Ik ga naar de huisarts.

Gesprek

🎧10-1

Emma: Waar ga je naartoe?

Daan: Ik heb niets te eten thuis.

Emma: Echt waar?

Daan: Dus ik ga naar de supermarkt. En jij?

Emma: Ik ga naar de huisarts. Ik heb hoofdpijn.

Daan: Hoe ver is de huisartsenpraktijk?

Emma: Hij ligt dichtbij de supermarkt.

엠마: 어디 가?

단: 집에 먹을 게 아무것도 없어.

엠마: 진짜?

단: 그래서 슈퍼마켓에 가. 너는?

엠마: 나는 의사 선생님한테 가. 머리가 아파.

단: 가정의 병원은 얼마나 멀어?

엠마: 슈퍼마켓에서 가까워.

Woorden

naartoe 향해서

niets 아무것도 없는 것

dus 그래서

huisarts 홈닥터, 가정의

hoofdpijn 두통

ver 멀다

huisartsenpraktijk
가정의 병원(홈닥터 병원)

liggen 눕다, 위치하다

dichtbij 가까운

✏ TIP

niets는 대화에서 niks로 사용하
기도 한다.

1 Gaan 동사(2)

'가다, 간다'는 의미로 함께 사용되는 naar는 '~(어디)로'라는 방향을 나타내는 전치
사이다.

Waar ga je naartoe?   어디 가?

ik	je / u	hij / ze / het	we	jullie	ze
ga	gaat	gaat	gaan	gaan	gaan

Ik ga naar de winkel.   나는 가게에 간다.

Je / U gaat naar het buitenland.   너/당신은(는) 외국에 간다.

Hij / Ze gaat naar de markt.   그/그녀는 시장에 간다.

We gaan naar de kapper.   우리는 이발사에게 간다(이발하러 간다).

Jullie gaan naar de bibliotheek.   너희는 도서관에 간다.

Ze gaan naar het station.   그들은 역에 간다.

naar이 '~에 다니다'라는 의미로 나라, 도시 및 그 장소의 본래 목적을 수행하기 위해
어떤 곳에 '다니는' 경우에는 관사 없이 사용한다.

Ik ga naar Korea.   나는 한국에 간다.

Ik ga naar Parijs.   나는 파리에 간다.

Ik ga naar school.   나는 학교에 간다.

Ik ga naar werk.   나는 직장에 간다.

Ik ga naar huis.   나는 집에 간다.

Ik ga naar bed.   나는 자러 간다.

2 동사 어간의 추가 규칙(3)

1) 어간에 -en의 추가로 2개 혹은 3개의 모음이 연속으로 붙을 때가 있다. 이때도 분음기호 trema를 사용하여 한 음으로 읽지 않는다.

동사원형		sleeën 썰매를 타다	어간	slee
단수	1인칭 - ik			slee
	2인칭 - je / u			sleet
	3인칭 - hij / ze / het			sleet
복수	1인칭 - we			sleeën
	2인칭 - jullie			sleeën
	3인칭 - ze			sleeën

2) 동사원형이 -en으로 끝나지 않아 어간을 찾기 쉽지 않은 동사가 있다.

Doen, zien 같은 경우도 oe, ie가 하나의 음이기에 실질적으로 -n으로 끝나는 동사이다. 이럴 때는 n을 제거하면 어간을 알 수 있다. 물론 gaan, staan, slaan 같은 경우의 어간은 gaa, staa, slaa가 아니다. 음절은 같은 두 개의 모음으로 끝나면 안 되므로 각각 ga, sta, sla가 어간이 된다.

동사원형		doen (하다)	zien (보다)	gaan (가다)	staan (일어서다)	slaan (치다)
어간		doe	zie	ga	sta	sla
단수	1인칭	doe	zie	ga	sta	sla
	2인칭	doet	ziet	gaat	staat	slaat
	3인칭	doet	ziet	gaat	staat	slaat
복수	1인칭	doen	zien	gaan	staan	slaan
	2인칭	doen	zien	gaan	staan	slaan
	3인칭	doen	zien	gaan	staan	slaan

3) 어간이 -t로 끝날 경우, 인칭과 관계없이 모든 단수 동사의 형태가 일치한다.

동사원형	praten (이야기하다)	weten (알다)	laten (내버려 두다)	zitten (앉다)
어간	praat	weet	laat	zit

단수	praat	weet	laat	zit
복수	praten	weten	laten	zitten

❸ 의문사 hoe(3)

다음은 의문사 hoe와 자주 쓰이는 표현이다. 어순은 'hoe + 형용사 + 동사 + 주어'이다.

hoe oud	hoe laat	hoe lang	hoe duur	hoe vaak	hoe groot	hoe ver
나이	시간	길이	가격	빈도	크기	거리

Hoe oud ben je? 　　　　　　　　　　몇 살이야?

Hoe laat is het? 　　　　　　　　　　몇 시야?

Hoe lang duurt het? 　　　　　　　　얼마나 오래 걸려?

Hoe duur is deze appel? 　　　　　　이 사과는 얼마야?

Hoe vaak eet je pizza? 　　　　　　피자를 얼마나 자주 먹어?

Hoe groot is je kamer? 　　　　　　방이 얼마나 커?

Hoe ver is Korea van Nederland? 　네덜란드에서 한국은 얼마나 멀어?

Hoeveel 같은 경우는 항상 붙여 써야 한다. 'Hoeveel + 명사'를 붙여서 사용하기도 한다.

Hoeveel kost deze tas? 　　　　　　이 가방은 얼마예요?

Hoeveel broers en zussen heb je? 　형제자매가 몇 명이니?

④ 인칭대명사(3)

인칭대명사 het은 앞의 문장 전체를 가리킬 때 사용되기도 한다.

Hoeveel kost dit huis?　　　　　　　이 집은 얼마인가요?

Ik weet het niet.　　　　　　　　　나는 (이 집이 얼마인지) 몰라요.

⑤ 동사의 부정사(1)

네덜란드어에도 2가지 형태의 부정사가 있다. 'te + 동사원형' 혹은 동사원형을 그대로 사용하는 '원형부정사'가 있다. 먼저 te 부정사를 살펴보면, 어순은 '주어 + 동사 + (보어/목적어) + te 부정사'이다.

1) 형용사 역할

Ik heb een boek te lezen.　　　　　나는 읽을 책이 있다.

Heb je iets te eten?　　　　　　　먹을 무언가가 있니?

2) 진행조동사와 결합

zitten	staan	liggen
앉아서 ~하다	서서 ~하다	누워서 ~하다

Ik zit te slapen.　　　　　　　　　나는 앉아서 잤다.

Ze stonden daar te kletsen.　　　　그들은 저기 서서 수다를 떨었다.

Hans ligt op bank een boek te lezen.　한스는 소파에 누워서 책을 읽고 있다.

3) 조동사 lijken, blijken, schijnen과 결합

'~인 것/한 것처럼 보인다'라는 문장을 만들 경우 조동사 lijken, blijken, schijnen과 te 부정사를 사용하면 된다.

Sander lijkt twee kinderen te hebben.　산더는 아이가 2명 있는 것처럼 보인다.

Sander blijkt ziek te zijn.　　　　　산더는 아파 보인다.

Sander schijnt veel geld te hebben.　산더는 많은 돈이 있는 것처럼 보인다.

4) Te 부정사가 자주 사용되는 동사

proberen	beginnen	vergeten	beloven	durven	(niet) hoeven
노력하다	시작하다	잊다	약속하다	~할 용기가 있다	~할 필요가 없다

Ik probeer te studeren.	나는 공부하려고 노력한다.
Het begint te regenen.	비가 오기 시작한다.
Vergeet niet te eten!	먹는 거 잊지 마!
Ik beloof mijn huiswerk te doen.	숙제한다고 약속할게.
Ik durf te dansen.	나는 춤출 용기가 있다.
Ik hoef niet te eten.	밥 먹을 필요가 없다.

6 한정대명사

특정 인물, 장소, 또는 사물을 지칭하지 않지만 '누군가', '어디에서인가', '무엇인가'를 의미한다.

구분	인물	장소	사물
○	iemand	ergens	iets
×	niemand	nergens	niets

Iemand is jarig.	누군가 생일이다.
Niemand is jarig.	아무도 생일이 아니다.

7 지시대명사(3)

이미 언급된 사람, 사물을 대신하는 대명사이다.

구분	남성	여성	중성	복수형
사람	hem	haar	-	-
사물	hij	hij	het	ze

Mijn zusje is ziek.	내 여동생이 아파.
Ik wens haar beterschap.	그녀(여동생)의 쾌유를 빌어.

Veelgebruikte zinnen 🎧 10-2

1 가는 장소 말하기

Ik ga naar _____.　　　　나는 _____ 에 간다.

    de bank　　　　　　　　　은행
    mijn kamer　　　　　　　내 방
    een concert　　　　　　　콘서트
    bed　　　　　　　　　　　(자기 위해) 침대

2 가격 물어보기

Hoeveel kost _____?　　　_____은(는) 얼마인가요?

    een iPhone 12　　　　아이폰 12
    een rijles　　　　　　　운전 수업
    deze jurk　　　　　　　이 원피스
    een kilo kaas　　　　　치즈 Ikg

3 빈도 물어보기

Hoe vaak _____?　　　얼마나 자주 _____ 하니?

    sport je　　　　　　　　　운동하다
    ga je naar je ouders　　　부모님 댁에 가다
    was je je handen　　　　너의 손을 씻다
    schrijf je een brief　　　편지를 쓰다

4 아픈 곳 말하기

Ik heb _____.	나는 _____ 이 있다.
hoofdpijn	두통
buikpijn	복통
rugpijn	요통
griep	독감
koorts	열

Praktische dialogen

🎧 10-3

Gesprek ❶

상황 친구에게 어디 가는지 물어보기

> A: Waar ga je naartoe?
> B: Ik ga naar de tandarts.
> A: Waarom ga je naar de tandarts?
> B: Ik heb hevige kiespijn.

hevig 강한

A: 어디 가?

B: 나는 지금 치과에 가.

A: 치과에는 왜 가?

B: 심한 치통이 있거든.

Gesprek ❷

상황 친구에게 운동 횟수 묻기

> A: Sport je elke dag?
> B: Nee, ik sport niet elke dag.
> A: Hoe vaak sport je dan?
> B: Ik sport twee keer per week.

elke dag 매일

keer 번, 횟수

per ~당(마다)

A: 매일 운동하니?

B: 아니, 매일은 안 해.

A: 그러면 얼마나 자주 운동해?

B: 일주일에 두 번 운동해.

Oefeningen

① 다음 빈칸에 알맞은 동사 형태를 쓰세요.

1 We _____ (ski).
   우리는 스키를 탄다.

2 Hij _____ (weet) het niet.
   그는 그것을 모른다.

3 Ik _____ (praat) veel.
   나는 말을 많이 한다.

4 Je _____ (ga) naar school.
   너는 학교에 간다.

② 다음 문장 중 틀린 부분이 있으면 고치세요.

1 Ik begin zingen.   나는 노래하는 것을 시작한다.

   ----

2 Je lijkt aardig te bent.   너는 착해 보인다.

   ----

3 Ik heb iets eten.   나는 먹을 무언가가 있다.

   ----

4 Milan vergeet zijn tanden te poetsen. 밀란은 양치하는 것을 잊어버렸다.

   ----

3 다음 빈칸에 알맞은 형용사를 쓰세요.

1 Hoe _____ is de zon?
   태양은 얼마나 큰가요?

2 Hoe _____ is de Chinese muur?
   만리장성은 얼마나 긴가요?

3 Hoe _____ bent u?
   나이가 얼마인가요?

4 Hoe _____ is Mars van de aarde?
   화성은 지구로부터 얼마나 먼가요?

4 다음 문장의 뜻이 통하도록 빈칸을 채우세요.

1 Ik zie _____.   나는 무언가가 보인다.

2 Ik zie _____.   나는 아무것도 안 보인다.

3 Ik zie _____.   나는 누군가가 보인다.

4 Ik zie _____.   나는 누구도 안 보인다.

5 Ik ga _____ naartoe.   나는 어딘가에 간다.

6 Ik ga _____ naartoe.   나는 어디에도 안 간다.

LES
11

계획 나는 오늘 밤에 공부할 거예요.

Ik ga vanavond studeren.

Gesprek 🎧 11-1

Woorden

vanavond 오늘 밤
dan 그렇다면
met ~와 함께
klinken ~로 들리다
afspreken 약속하다
ophalen 픽업하다

Emma: Wat ga je vanavond doen?

Daan: Ik ga studeren.

Emma: Wat ga je morgen doen dan?

Daan: Morgen ga ik voetbal spelen met mijn vrienden.

Emma: Zullen we een film kijken dit weekend?

Daan: Dat klinkt goed!

Emma: Waar zullen we afspreken?

Daan: Ik zal je ophalen.

엠마: 오늘 밤에 뭐 해?

단: 공부할 거야.

엠마: 그러면 내일은 뭐 해?

단: 내일은 친구들이랑 축구할 거야.

엠마: 이번 주말에 영화 볼래?

단: 좋아!

엠마: 어디서 만날까?

단: 내가 데리러 갈게.

Grammatica

1 미래시제(1) (De toekomende tijd)

현재시제에 '잠시 후', '내일', '오늘 밤'과 같은 미래를 나타내는 시간 부사(구)를 써서 미래시제를 나타낼 수 있다.

straks	vandaag	vanmiddag	vanavond
잠시 후에	오늘	오늘 오후에	오늘 저녁에
vannacht	deze week	dit weekend	morgen
오늘 밤에	이번 주에	이번 주말에	내일
volgend jaar	volgende maand	volgende week	dit jaar
내년에	다음달에	다음주에	올해에
deze woensdag	binnenkort		
이번 주 수요일에	조만간		

Ik werk morgen. 나는 내일 일할 것이다.

Ajax speelt vanavond. 오늘 밤에 아약스가 경기를 한다.

날짜 부사구는 문장 맨 앞에 위치할 수도 있다. 이런 경우에는 동사와 주어의 자리가 도치된다. 어순은 '시간 부사 + 동사 + 주어 + (동사의 나머지)'이다.

Morgen werk ik. 내일 일할 것이다.

Vanavond speelt Ajax. 오늘 밤에 아약스가 경기를 한다.

TIP
'내일'은 '아침' morgen과 형태가 같으므로 헷갈리지 않도록 유의해야 한다.

2 전치사(3)

1) 전치사 met + 수단: ~에 의해, ~로

Ik eet met stokjes.	나는 젓가락으로 식사한다.
Ik schrijf met een blauwe pen.	나는 파란색 펜으로 글을 쓴다.

2) 전치사 met + 교통수단: ~를 타고

Ik ga met de auto.	나는 자동차를 타고 가.
Ik ga met de trein.	나는 기차를 타고 가.
Ga je met de fiets?	너는 자전거를 타고 가니?
We gaan met de bus.	우리는 버스를 타고 가.

3) met + 사람: ~와 함께

Ik ga met mijn zus naar de film.	나는 언니와 함께 영화관에 가.
Ga je met hem naar de bakker?	그와 함께 빵집에 가니?

4) 소유, 외모를 나타낼 때: ~을 가진, 지닌

De jongen met de rode tas is mijn broertje.
빨간 가방을 든 소년이 내 남동생이다.

Die vrouw met zwart haar is mooi.
검은 머리인 저 여성은 아름답다.

3 동사의 부정사(2)

원형부정사는 동사원형을 그대로 사용하기 때문에 '원형부정사 = 동사원형'으로 기억하면 된다. 원형부정사는 조동사와 늘 함께 사용된다. 어순은 '주어 + 조동사 + (나머지) + 원형부정사'이다. (문장에 동사형태가 2개일 경우, 2번째 동사는 항상 문장 뒤에 위치한다.)

1) 미래시제를 만드는 조동사: gaan, zullen + 원형부정사

Ik ga studeren.	나는 공부할 것이다.
Ze zullen morgen komen.	그들은 내일 올 것이다.

2) 조동사: willen, moeten, kunnen, mogen + 원형부정사

Marit wil een jijsje eten.   마릿은 아이스크림을 먹고 싶어 한다.

We moeten werken.   우리는 일해야만 한다.

Ze kunnen Nederlands spreken.   그들은 네덜란드어를 할 줄 안다.

We mogen hier niet roken.   우리는 여기서 담배를 피워서는 안 된다.

4 미래시제(2)

'Gaan + 원형부정사(동사원형)'는 영어의 be going to처럼 '~할 예정이다, ~할 것이다'라는 의미이다. 목적어는 gaan과 원형부정사 사이에 위치한다. 어순은 '주어 + gaan 동사 + (원형부정사의 보어/목적어) + 원형부정사'이다.

ik	je / u	hij / ze / het	we	jullie	ze
ga	gaat	gaat	gaan	gaan	gaan

Ik ga slapen.   나는 잘 것이다.

Je / U gaat studeren   너/당신은(는) 공부할 것이다.

Hij / Ze / Het gaat beginnen.   그/그녀/그것은(는) 시작할 것이다.

We gaan taart eten.   우리는 케이크를 먹을 것이다.

Jullie gaan een film kijken.   너희는 영화를 볼 것이다.

Ze gaan voetbal spelen.   그들은 축구를 할 것이다.

시간 부사는 gaan 동사 뒤에 위치한다.

Ik ga vanmiddag piano spelen.   나는 오후에 피아노를 칠 것이다.

We gaan volgende week verhuizen.   우리는 다음주에 이사할 것이다.

Senna en Sean gaan binnenkort trouwen.   세나와 션은 곧 결혼할 것이다.

Gaan jullie vanavond een film kijken?   너희는 오늘 밤에 영화를 볼 거니?

시간을 강조하고 싶다면 시간 부사를 맨 앞에 두면 된다. 즉 '시간 부사(구) + gaan 동사 + 주어 + (원형부정사의 보어/목적어) + 원형부정사' 순서로 문장을 구성한다.

Vanavond ga ik studeren.   오늘 밤에 나는 공부할 것이다.

Morgen gaat Emma pizza eten.   내일 엠마는 피자를 먹을 것이다.

Volgend jaar gaan we trouwen.   내년에 우리는 결혼할 것이다.

5 **미래시제(3)**

Zullen 조동사는 '~할 것이다'로 영어의 will에 해당하며 의지, 약속, 제안 및 예측의 상황에 사용한다. 어순은 '주어 + zullen + (부정사의 보어/목적어) + 원형부정사'이다.

ik	je / u	hij / ze / het	we	jullie	ze
zal	zult	zal	zullen	zullen	zullen

1) 의지

Ik zal proberen. 나는 노력해볼 것이다.

Ik zal Engels studeren. 나는 영어 공부를 할 것이다.

Ik zal mijn huiswerk maken. 나는 숙제를 할 것이다.

2) 약속

Ik zal je niet vergeten. 널 잊지 않을게.

Ik zal op tijd komen. 제시간에 올게.

We zullen je bellen. 전화할게.

op tijd 제시간에

3) 예측

Het zal regenen. 비가 올 것이다.

Maarten zal niet komen. 마튼은 오지 않을 것이다.

Ze zullen boos zijn. 그들은 화가 났을 것이다.

4) 제안

Zal ik je helpen? 내가 도와줄까?

Zullen we morgen afspreken? 내일 만날까?

Zullen we koffie drinken? 커피 마실까?

Zullen we naar de supermarkt gaan? 슈퍼마켓에 갈까?

6 제안하는 조동사

앞에서 살펴본 것 같이 조동사 zullen은 제안할 때도 사용된다. '의문사 + zullen'을 사용하여 약속 시간, 장소 및 내용을 제안할 수 있다. 어순은 '의문사 + zullen + we + (목적어) + 동사원형'이다.

Wanneer zullen we haring eten?	언제 하링(청어) 먹을까?
Hoe laat zullen we afspreken?	몇 시에 만날까?
Waar zullen we voetbal spelen?	우리 어디서 축구할까?
Wat zullen we doen?	무엇을 할까?

7 감각 동사(1)

'Klinken + 형용사'는 '~로 들리다, ~하게 들리다'라고 해석한다.

Je stem klinkt verdrietig.	너 목소리가 슬프게 들려.
Dat klinkt vreemd.	이상한 것 같다(이상하게 들린다).

'Klinken + als + 명사'로도 나타낼 수 있다.

Dat klinkt als een goed plan.	좋은 계획처럼 들린다.

Veelgebruikte zinnen

1 할 일 말하기

Ik ga _____.

    een boek lezen

    een film kijken

    een brief schrijven

    gitaar spelen

나 _____ 할 예정이야.

    책을 읽다

    영화를 보다

    편지를 쓰다

    기타를 치다

2 제안하기

Zullen we _____?

    koffie drinken

    televisie kijken

    een ijsje kopen

    je oma bezoeken

    naar een Chinees restaurant gaan

우리 _____ 할까?

    커피를 마시다

    텔레비전을 보다

    아이스크림을 사다

    너의 할머니께 방문하다

    중국 식당에 가다

3 시간 약속하기

Hoe laat zullen we _____?

    eten

    afspreken

    beginnen

    gaan

몇 시에 _____ 할까?

    식사하다

    (약속) 만나다

    시작하다

    가다

4 상대방 제안에 대답하기

Dat klinkt _____.

    goed

    niet slecht

    niet goed

    slecht

    als een slecht plan

_____ 하게 들리다.

    좋은

    나쁘지 않은

    좋지 않은

    나쁜

    나쁜 계획

Praktische dialogen

🎧 11-3

Gesprek ❶

상황 주말 계획 물어보기

A: Wat ga je doen in het weekend?
B: Ik ga boodschappen doen.
A: Waar ga je boodschappen doen?
B: Ik ga bij de jumbo boodschappen doen.

A: 이번 주말에 뭐 해?
B: 장 볼 거야.
A: 어디서 장 볼 거야?
B: 나는 점보에서 장 볼 거야.

✒ TIP
점보는 네덜란드 유명 슈퍼마켓이다.

Gesprek ❷

상황 약속 정하기

A: Hoe laat zullen we koffie drinken?
B: Om 5 uur?
A: Zullen we thuis koffie drinken?
B: Dat lijkt me goed!

A: 몇 시에 커피 마실까?
B: 5시에?
A: 집에서 마실까?
B: 좋아!

thuis 집에서

112

Oefeningen

① 다음 빈칸에 알맞은 전치사를 쓰세요.

  1 Ik ga _____ de bus.

  2 Ik ga _____ Amsterdam.

  3 Ik ga _____ mijn zus.

  4 Ik ga _____ de auto.

② 다음 빈칸에 알맞은 부정형을 쓰세요.

  1 Ik ga een nieuwe tas _____ (kopen).

  2 Ze probeert _____ (lachen).

  3 We gaan _____ (zwemmen).

  4 Ajax begint _____ (spelen).

③ 다음 빈칸에 알맞은 시간 부사를 쓰세요.

  1 Pieter gaat _____ verhuizen naar Leiden.

     피터는 내년에 레이덴으로 이사갈 것이다.

  2 _____ gaat Lisan een nieuwe stoel bestellen bij Ikea.

     리산은 내일 이케아에서 새로운 의자를 주문할 것이다.

  3 We gaan _____ een film kijken.

     우리는 오늘 밤에 영화를 볼 것이다.

  4 Ga je _____ afwassen?

     조금 이따가 설거지할 거야?

4 주어진 답변을 보고 다음 빈칸에 알맞은 의문사를 쓰세요.

1 A: _____ zullen we afspreken?

   B: Deze donderdag.

2 A: _____ zullen we afspreken?

   B: Om 12 uur.

3 A: _____ zullen we zien?

   B: In de bioscoop.

4 A: _____ zullen we eten?

   B: Pizza.

bioscoop 영화관

취미   나는 영화 보는 것을 좋아해요.

Ik hou van film kijken.

Gesprek   🎧 12-1

Woorden

film 영화

graag 간절히, 기꺼이

spannend 긴장감 넘치는

samen 함께

Emma: Wat doe je?

Daan: Ik kijk een film.

Emma: Wat hou je veel van films!

Daan: Ja, ik wil graag regisseur worden.

Emma: Wat is je favoriete film?

Daan: Mijn favoriete film is 'Parasite'. Ik vind spannende films leuk.

Emma: Ik wil die film ook zien!

Daan: O ja? Zullen we straks samen bij Renée de film kijken?

엠마: 뭐 해?

단: 나는 영화를 보고 있어.

엠마: 영화를 정말 좋아하는구나!

단: 응, 나는 영화감독이 매우 되고 싶어.

엠마: 무슨 영화를 제일 좋아해?

단: 내가 제일 좋아하는 영화는 기생충이야. 난 긴장감 넘치는 영화를 좋아해.

엠마: 나 그 영화 보고 싶어!

단: 그래? 조금 있다 르네이 집에서 같이 영화 볼까?

Grammatica

1 소망하는 조동사 Willen

조동사 willen은 '~을 원하다'라는 의미이며, 영어의 will과 혼동하지 않도록 한다. willen 다음에는 명사, 원형부정사(= 동사원형) 둘 다 올 수 있다. 원형부정사가 쓰일 때 어순은 '주어 + willen + (원형부정사의 목적어) + 원형부정사'이다.

ik	je / u	hij / ze / het	we	jullie	ze
wil	wilt	wil	willen	willen	willen

Ik wil het boek.	나는 책을 원한다.
Je / U wilt een bier.	너/당신은(는) 맥주를 원한다.
Hij / Ze wil zingen.	그/그녀/그것은(는) 노래하는 것을 원한다.
We willen slapen.	우리는 잠자는 것을 원한다.
Willen jullie boodscahppen doen?	너희는 장보는 것을 원하니?
Ze willen een huis kopen.	그들은 집을 사는 것을 원한다.

2 좋아하는 것 말하기

1) houden 동사: ~을 보관하다, 좋아하다

houden 동사는 전치사 van과 함께 사용하면 '~을 좋아하다'라는 의미로 해석한다. houden van 뒤에는 좋아하는 대상인 명사, 동명사 둘 다 가능하다. 8과에서 살펴보았듯이 네덜란드어에서 동명사는 동사원형임을 기억해야 한다. 동명사가 쓰일 경우 어순은 '주어 + houden van + (동명사의 목적어) + 동명사(동사원형)'이다.

Ik hou van je.	사랑해.
Ik hou van sporten.	나는 운동하는 것을 좋아한다
Ik hou van spelen voetbal. (×)	
Ik hou van voetbal spelen. (○)	나는 축구하는 것을 좋아한다.

2) vinden 동사: ~을 찾다, ~라고 느끼다

vinden 동사 뒤에 목적어를 긍정으로 수식하는 목적보어가 올 때, 무엇을 좋아한다고 말할 수 있다. 어순은 '주어 + vinden 동사 + 목적어 + (긍정)형용사'이다.

Ik vind Adam aardig. 나는 아담이 착하다고 생각한다.

Alex vindt deze brood lekker. 알렉스는 이 빵이 맛있다고 생각한다.

Ik vind de muziek van Bach mooi. 나는 바흐의 음악이 아름답다고 생각한다.

(부정)형용사를 사용할 경우 불호를 드러낸다.

Ik vind hem stom. 나는 그가 별로라고 생각한다.

Ik vind deze brood niet lekker. 나는 이 빵이 맛없다고 생각한다.

3) mogen 동사: ~을 마음에 들어하다

mogen 동사는 목적어로 명사가 온다. 만약 목적어로 원형부정사가 올 경우에는 허락의 의미가 된다. 이와 관련해서는 13과에서 살펴보겠다.

Ik mag hem. 나는 그가 마음에 든다.

Ik mag haar niet. 나는 그녀가 마음에 들지 않는다.

---

③ 가장 좋아하는 것 말하기: favoriet 형용사

'Mijn favoriete A is B'는 가장 좋아하는 것을 말할 때 사용하며, '가장 좋아하는'을 의미하는 lievelings도 favoriet과 같다. lievelings 같은 경우에는 뒤의 명사와 붙여 쓴다.

Wat is je favoriete kleur? 가장 좋아하는 색이 뭐야?

= Wat is je lievelingskleur?

Mijn favoriete kleur is rood. 내가 가장 좋아하는 색은 빨간색이야.

4 부사와 문장 순서

정도 부사	heel 매우, zeer 매우(정중), een beetje 조금
장소 부사	hier 여기, daar 저기, ergens 어딘가, nergens 어디에도 없는
시간 부사	gisteren 어제, nu 현재, straks 조금 이따, morgen 내일
의문 부사	waarom 왜, waar 어디에, hoe 어떻게, wie 누가

1) 동사가 하나인 기본 문장

> 주어 + 동사 + 시간 + 방법 + 장소

Ik ga elke dag alleen naar school.

나는 매일 혼자 학교에 간다.

2) 조동사가 포함된 문장

> 주어 + 조동사 + 시간 + 방법 + 장소 + 원형부정사

We kunnen straks samen in het restaurant eten.

우리는 조금 후에 함께 레스토랑에서 식사할 수 있다.

3) 특정 목적어가 포함된 문장

> 주어 + 동사 + 특정 목적어 + 시간 + 방법 + 장소

Ik zag Jaap gisteren op school.

나는 얍을 어제 학교에서 보았다.

4) 불특정 목적어가 포함된 문장

> 주어 + 동사 + 시간 + 불특정 목적어 + 방법 + 장소

Ik zag gisteren een man op school.

나는 어제 어떤 남자를 학교에서 보았다.

5 감탄문 말하기(2)

동사가 포함된 감탄사를 사용하여 어떤 행동에 대한 나의 감정을 나타낼 수도 있다. 어순은 'Wat + 동사 + 주어 + 형용사 + (목적어)'이다. 네덜란드어에서는 형용사가 부사로 사용되기도 하므로 형용사가 동사를 꾸미는 경우도 있다(일반 동사의 경우).

Wat ben je vriendelijk!	너 참 친절하구나!
Wat zing je mooi!	너 참 아름답게 노래하는구나!
Wat studeer je hard!	너 참 열심히 공부하는구나!
Wat eet je veel (vlees)!	너 참 (고기를) 많이 먹는구나!

6 답변하는 의문문

상대의 말에 대한 응답으로 긍정문에는 "O ja?", 부정문에는 "O nee?"로 맞장구친다. 상대의 말을 잘 듣고 있다고 반응하는 것이다.

Ik speel Piano.	나 피아노 쳐.
O ja?	아 그래?
Ik weet het niet.	나 몰라.
O nee?	아 그래?

Veelgebruikte zinnen

🎧 12-2

1 원하는 것 표현하기

Ik wil _____.	나는 _____을(를) 원해.
deze taart	이 케이크
een nieuwe mobiele telefoon	새로운 휴대폰
afvallen	살 빼다
iets zeggen	무언가 말하다
leraar worden	선생님이 되다

2 좋아하는 것 말하기

Ik hou van _____.	나는 _____을(를) 좋아해.
je	너
bordspellen	보드게임
dansen	춤추다
winkelen	쇼핑하다
muziek luisteren	음악을 듣다
voetbal kijken	축구 시청하다

3 가장 좋아하는 것 묻기

Wat is je favoriete _____?	가장 좋아하는 _____이(가) 뭐야?
dier	동물
seizoen	계절
eten	음식
kleur	색
sport	운동
nummer	노래

Praktische dialogen

Gesprek ❶

상황 주말에 하고 싶은 것 말하기

A: Wat zullen we dit weekend doen?
B: Ik weet het nog niet. En jij?
A: Ik wil badminton spelen.
B: Dat klinkt goed!

A: 우리 이번 주말에 뭐 할까?
B: 아직 모르겠어. 너는?
A: 나는 배드민턴을 치고 싶어.
B: 좋은 생각이야!

Gesprek ❷

상황 가장 좋아하는 가수와 노래 말하기

A: Wie is je favoriete zanger?
B: Mijn favoriete zanger is Ed Sheeran.
A: Wat is je favoriete nummer?
B: 'Thinking oud Loud' is mijn lievelingsnummer.

A: 가장 좋아하는 가수가 누구야?
B: 내가 가장 좋아하는 가수는 에드 시런이야.
A: 가장 좋아하는 곡은 뭐야?
B: 'Thinking out Loud'이 내가 가장 좋아하는 곡이야.

Oefeningen

1 문장이 같은 의미가 되도록 다음 빈칸을 채우세요.

A.

1 Ik _____ _____ je.　　나는 너를 좋아해.

2 Ik _____ je leuk.　　나는 너가 좋다.

3 Ik _____ je.　　너가 마음에 든다.

B.

4 Ik _____ _____ _____ je.　나는 너를 좋아하지 않아.

5 Ik _____ je _____ leuk.　　나는 너가 좋지 않다.

6 Ik _____ je niet.　　나는 너가 마음에 들지 않는다.

2 다음 어간을 보고 빈칸에 동사의 알맞은 형태를 쓰세요.

1 Sanne wil _____ (winkel).

2 Jullie houden van taart _____ (bak).

3 Je _____ (vind) Matthijs aardig.

4 _____ (hou) je van je man?

5 Ik _____ (mag) hem niet.

6 _____ (vind) je deze appel lekker?

3 주어진 답변을 보고 다음 빈칸을 채우세요.

1　A: Wat is je favoriete _____?

　　B: Pizza.

2　A: Wie is je favoriete _____?

　　B: James McAvoy.

3　A: Wat is je favoriete _____?

　　B: Voetbal.

4　A: Wat is je favoriete _____?

　　B: Titanic.

4 다음 감탄문을 네덜란드어로 쓰세요.

1　너 참 똑똑하구나!

_____

2　너 참 빨리 걷는구나!

_____

3　너 참 착하구나!

_____

4　너 참 네덜란드어를 잘하는구나!

_____

13

능력 나는 자전거를 탈 수 있어요.
Ik kan goed fietsen.

Gesprek 🎧 13-1

Emma: Kun je fietsen?

Daan: Ja, ik hou van fietsen.

Emma: Mag ik dan iets vragen?

Daan: Ja, zeker. Wat is het?

Emma: Waar kan ik leren fietsen?

Daan: Ik kan je helpen met fietsen.

Emma: Maar je moet me echt helpen. Ik ben er te bang voor.

Daan: Natuurlijk! Je hoeft niet bang te zijn.

Woorden

vragen 물어보다

leren 배우다

echt 진짜

bang 두려워하다

natuurlijk 당연하다

엠마: 너 자전거 탈 줄 알이?

단: 응, 나 자전거 타는 거 좋아해.

엠마: 그러면 내가 뭐 좀 물어봐도 돼?

단: 응, 당연하지. 뭔데?

엠마: 나 자전거 타는 거 어디서 배울 수 있을까?

단: 내가 너 자전거 타는 거 도와줄 수 있어.

엠마: 그런데 너 나 진짜 도와줘야 해. 나 (자전거 타는 것) 너무 무서워.

단: 당연하지! 너 겁낼 필요 없어.

Grammatica

❶ 할 수 있는 조동사 Kunnen

조동사 kunnen은 '~를 할 수 있다', '~할 줄 안다'라는 의미로 재능, 능력을 말할 때 사용한다. 어순은 '주어 + kunnen 동사 + (원형부정사의 보어/목적어) + 원형부정사'이다. 원형부정사(= 동사원형)가 문장 맨 뒤에 오는 것을 유의해야 한다. kan/kunt 둘다 많이 사용되며, kunt가 더 형식적이다.

ik	je / u	hij / ze / het	we	jullie	ze
kan	kan / kunt	kan	kunnen	kunnen	kunnen

Ik kan fietsen.	나는 자전거를 탈 수 있다.
Je / U kan / kunt Nederlands spreken.	너/당신은(는) 네덜란드어를 구사할 수 있다.
Hij / Ze kan piano spelen.	그/그녀는 피아노를 칠 수 있다.
We kunnen niet vliegen.	우리는 날 수 없다.
Jullie kunnen (het) doen.	너희들은 (그것을) 할 수 있다.
Ze kunnen samenwerken.	그들은 협력할 수 있다.
Ik kan zwemmen.	나는 수영을 할 줄 안다.
Anne kan niet zwemmen.	안느는 수영을 못한다.
Bart en Mark kunnen zwemmen.	바르트와 마르크는 수영을 할 줄 안다.

❷ 조동사 Kunnen 활용

1) 가능성을 말할 때

Ik kan morgen komen.	나는 내일 올 수도 있다.

2) 부탁할 때

Kan je me (even) helpen?	(잠깐) 좀 도와줄래?
Kunt u me helpen?	도와주실 수 있으신가요?
Kunnen jullie buiten spelen?	밖에서 놀겠니?

3) 잘하는 것을 말할 때

'Kunnen + 주어 + goed + 원형부정사'의 형태로 잘하는 것을 물어보고 '주어+ kunnen + goed + 원형부정사'로 답할 수 있다.

Kun je goed zingen?	노래를 잘하니?
Ik kan goed zingen.	나는 노래를 잘해.

③ 허락하는 조동사 Mogen

조동사 mogen은 '~해도 된다'라는 의미로 허락, 승인할 때 사용한다. 어순은 '주어 + mogen + (원형부정사의 보어/목적어) + 원형부정사'이다.

ik	je / u	hij / ze / het	we	jullie	ze
mag	mag	mag	mogen	mogen	mogen

Ik mag chocolade eten.	나는 초콜릿을 먹어도 된다.
Je / U mag binnenkomen.	너/당신은(는) 들어와도 된다.
Hij / Ze mag Noord-Korea niet bezoeken.	그/그녀는 북한을 방문하면 안 된다.
Mogen we langskomen?	(우리가) 들러도 될까요?
Jullie mogen mijn kamer zien.	너희들은 내 방을 봐도 된다.
Ze mogen hier niet roken.	그들은 여기서 담배를 피면 안 된다.

조동사 mogen은 의문문 형태로도 자주 사용되는데, 물건 전달 요청 혹은 승인을 요청할 경우이다. '~좀 줄래요?'라고 물건 전달을 요청할 경우, 어순은 'Mogen 동사 + 주어 + 목적어(물건)'이다. '~해도 될까?'라고 승인을 요청할 경우, 어순은 'Mogen 동사 + 주어 + (원형부정사의 보어/목적어) + 원형부정사'이다.

Mag ik pindakaas?	땅콩 버터 좀 줄래?
Mag ik iets zeggen?	뭐 좀 말해도 돼?

④ 해야만 하는 조동사 Moeten

조동사 moeten은 '~해야만 한다'라는 의미로 의무 및 필요를 말할 때 사용한다.

ik	je / u	hij / ze / het	we	jullie	ze
moet	moet	moet	moeten	moeten	moeten

Ik moet werken.	나는 일해야 한다.
Je / U moet Nederlands leren.	너/당신은(는) 네덜란드어를 배워야 한다.
Hij / Ze moet afwassen.	그/그녀는 설거지를 해야 한다.
We moeten de kamer schoonmaken.	우리는 방 청소를 해야 한다.
Jullie moeten de fiets brengen.	너희들은 자전거를 갖다놔야 한다.
Ze moeten (even) wachten.	그들은 (잠깐) 기다려야 한다.

Je moet snel komen.	너는 빨리 와야 한다.

De kinderen moeten niet rennen in een bibliotheek.
아이들은 도서관에서 뛰어서는 안 된다.

Moet je een dutje doen?	낮잠을 자야 하니?

⑤ 할 필요 없는 조동사 Hoeven

10과에서 잠깐 언급했던 조동사 hoeven은 '~하지 않아도 된다'라는 의미로 geen 혹은 niet을 사용하여 부정문에서만 사용한다.

1) 'geen + 명사' 사용

뒤에는 명사가 오며 '~이 필요 없다', '~필요하지 않다'는 의미다.

Ik hoef geen melk.	나는 우유가 필요하지 않다.
Ik hoef geen antwoord.	나는 답변이 필요 없다.

2) 'hoeven + niet + te 부정사' 사용

'~하지 않아도 된다', '~할 필요가 없다'로 te 부정사를 받는다고 10과에서 배웠다.

주어 hoeven niet te + te 부정사 = (te 동사원형)

127

ik	Je / U	hij / ze / het	we	jullie	ze
hoef	hoeft	hoeft	hoeven	hoeven	hoeven

Ik hoef niet te slapen.	나는 잠을 자지 않아도 된다.
Je / U hoeft niet te huilen.	너/당신은(는) 울 필요가 없다.
Hij / Ze hoeft niet te komen.	그/그녀는 오지 않아도 된다.
We hoeven niet te studeren.	우리는 공부하지 않아도 된다.
Jullie hoeven niet te gaan.	너희들은 가지 않아도 된다.
Ze hoeven niet te eten.	그들은 밥을 먹지 않아도 된다.

Ik hoef te eten. (×)	
Ik hoef niet te eten. (○)	나는 밥을 먹지 않아도 된다.

3) te 부정사가 목적어를 가질 때, 부정어 geen 사용

주어 + hoeven + geen + 목적어 + te 부정사

Ik hoef geen chocolade te eten.	나는 초콜릿을 안 먹어도 된다.
Ik hoef geen boeken te lezen.	나는 책을 안 읽어도 된다.
Ik hoef geen huis te hebben.	나는 집이 없어도 된다.

6 부사 te

'te + 형용사'는 '너무 ~하다'라는 의미로 자주 사용하는 표현이다. 이 표현을 사용할 경우 문장이 부정적 어감을 갖게 된다.

Je bent te langzaam.	너는 너무 느리다.
Ik ben te dik.	나는 살이 너무 쪘다.

7 er 사용법(1)

er는 문장에서 다양한 역할을 한다. 이번 과에서는 대명사 er의 사용법에 대해 살펴 보겠다.

1) 장소를 대신한다. 이미 언급되거나 알고 있는 장소를 지칭할 때 사용한다.

| Ben je thuis? | 집이니? |
| Ik ben er(= thuis) al. | 나는 벌써 집이야. |

2) 숫자 뒤의 명사를 대신한다. 이때 er는 숫자 앞에 위치한다.

| Hoeveel zussen heb je? | 자매가 몇 명이야? |
| Ik heb er(= zussen) twee. | 나는 2명 있어. |

3) 전치사 뒤의 명사를 대신한다. 이때 명사가 사물일 때만 er를 사용할 수 있고 er와 전치사는 결합되어 한 단어가 된다.

Hou je van pizza?	피자를 좋아하니?
Ik hou van pizza.	나는 피자를 좋아해.
= Ik hou ervan.	

Ja, de leraar heeft over haar verteld.
응, 선생님이 그녀에 대해 이야기했어.
이 경우에는 그녀가 사물이 아닌 사람이기에 erover을 사용할 수 없다.

동사 뒤에 전치사와 er 외에 다른 단어가 있다면 'er + 나머지 + 전치사' 순서로 문장을 만들면 된다.

| Hou je veel van pizza? | 너는 피자를 많이 좋아하니? |
| Ja, Ik hou er veel van. | 응, 나는 그것(= 피자)을 많이 좋아해. |

Veelgebruikte zinnen

🎧 13-2

1 잘하는 것 말하기

Ik kan goed _____.	나는 _____를 잘한다.
koken	요리하다
tekenen	그림 그리다
communiceren	의사소통하다
Engels spreken	영어 구사하다
met mensen omgaan	사람들과 어울리다

2 부탁하기

Kun je _____?	_____ 해 줄래?
opschieten	서두르다
even wachten	잠깐 기다리다
stil zijn	조용히 하다
me wakker maken	나를 깨워주다
mijn broertje ophalen	내 남동생을 픽업하다

3 허락 구하기

Mag ik _____?	_____ 해도 될까?
een boek lenen	책을 빌리다
iets vragen	무언가 물어보다
deze kaas proeven	이 치즈를 맛보다
je shampoo gebruiken	너의 샴푸를 사용하다

4 의무 나타내기

Ik moet _____. _____ 해야만 한다.

Nederlands oefenen	네덜란드어를 연습하다
naar wc gaan	화장실에 가다
even kijken	잠깐 (확인해)보다
op tijd zijn	제때 도착하다
niet lachen	웃지 않다

Praktische dialogen

🎧 13-3

Gesprek ❶

상황 친구에게 서두르라고 하는 상황

A: Ben je klaar?
B: Sorry, ik ben nog niet klaar.
A: Kun je opschieten?
B: Ik ben bijna klaar.

A: 끝났어?
B: 미안, 나 아직 안 끝났어.
A: 빨리 좀 할래?
B: 거의 끝났어.

klaar 끝나다

opschieten 서두르다

Gesprek ❷

상황 친구에게 숙제 도와달라고 부탁하기

A: Mag ik iets vragen?
B: Natuurlijk!
A: Kun je me vanavond helpen met huiswerk?
B: Ik moet even kijken (of ik kan).

A: 뭐 좀 물어봐도 돼?
B: 당연하지!
A: 나 오늘 밤에 영어 좀 도와줄 수 있어?
B: (가능한지) 좀 확인해볼게.

Oefeningen

1 다음 능력을 실제로 할 수 있는지 없는지 쓰세요.

1 vliegen (날다) _____

2 rijden (운전하다) _____

3 zwemmen (수영하다) _____

4 hoog springen (높이 뛰다) _____

5 snel eten (빨리 밥 먹다) _____

6 goed presenteren (발표를 잘하다) _____

2 다음 빈칸에 알맞은 조동사를 쓰세요.

1 Jonathan _____ een nieuwe jas kopen.
요나단은 새로운 점퍼를 사고 싶어 한다.

2 Ze _____ goed zingen.
그들은 노래를 잘한다.

3 Ik _____ vanavond studeren.
오늘 밤에 공부해야 한다.

4 De kinderen _____ niet rennen in het museum.
아이들은 박물관에서 뛰어다니면 안 된다.

5 Hoe laat _____ we eten?
몇 시에 밥 먹을까?

6 Je _____ niet te komen.
넌 안 와도 괜찮다.

7 _____ ik hier zwemmen?
여기서 수영해도 되나요?

8 We _____ morgen verhuizen.
우리는 내일 이사할 것이다.

③ 다음 단어를 알맞게 배열하여 문장을 완성하세요.

1 geen / te / lezen / Ik / hoef / boek / .

----

2 te / laat / Je / bent / .

----

3 A: Hoeveel kinderen heb je?

B: heb / drie / er / Ik / .

----

4 A: Kijken jullie vaak naar TV?

B: kijken / vaak / We / er / naar / .

진행 나는 공부하는 중이에요.
Ik ben aan het studeren.

Gesprek 🎧 14-1

Woorden

ruiken
냄새를 맡다, 냄새가 나다

honger 배고픔

ongeduldig 참을성이 없는

keuken 부엌

horen 들리다

spinazie 시금치

o nee!
(말도) 안 돼! (대화에서 많이 사용)

lusten 즐겨 먹다

Emma: Het ruikt lekker! Ik heb honger.

Renée: Inderdaad! Ik ben te ongedulgdig om ervoor te wachten.

Emma: Daan! Wat ben je aan het doen in de keuken?

Daan: Ik ben pasta aan het koken!

Emma: Sorry, we horen je niet. Wat zeg je?

Daan: Ik ben spinazie pasta aan het koken!

Emma: Ik kom je helpen!

Renée: O nee! Ik lust geen Spinazie want spinazie is niet lekker.

엠마: 냄새 좋다! 나 배고파.

르네이: 맞아! 기다리기에는 난 너무 참을성이 없어.

엠마: 단! 너 부엌에서 뭐 해?

단: 파스타 요리하는 중이야!

엠마: 미안, 안 들리네. 뭐라고?

단: 시금치 파스타를 요리하는 중이야!

엠마: 가서 도와줄게!

르네이: 안 돼! 나 시금치 안 먹는데 왜냐하면 시금치는 맛이 없어.

Grammatica

1 동사의 현재형

1) 현재 동작, 상황, 습관을 나타내기 위해 동사원형을 주어의 인칭 및 수에 맞게 사용하면 된다.

ik	je / u	hij / ze / het	we	jullie	ze
woon	woont	woont	wonen	wonen	wonen

Ik woon in Amsterdam.   나는 암스테르담에 산다.

Woon je in Leiden?   너는 레이덴에 사니?

Hij / Ze woont in Rotterdam.   그/그녀는 로테르담에 산다.

We wonen in Berlijn.   우리는 베를린에 산다.

Jullie wonen in Londen.   너희들은 런던에 산다.

Ze wonen niet in Seoul.   그들은 서울에 살지 않는다.

2) 얼마 동안, 언제부터(sinds) 무엇을 계속 해왔음을 표현할 때도 사용한다. (영어에서 완료시제의 계속적 용법)

Ik werk (nu) vijf jaar in Nederland.   네덜란드에서 (현재) 5년 동안 일했다.

Ik woon (al) vijf jaar in Nederland.   네덜란드에서 (벌써) 5년 동안 살았다.

Ik studeer sinds 2002 in Nederland.   2002년부터 네덜란드에서 공부했다.

2 현재진행형

'~을 하고 있는 중이다', '~을 진행하고 있다'라는 현재진행형 문장은 가장 마지막에 동사원형을 사용해야 한다.

주어 + zijn 동사 + (목적어) aan het + 원형부정사

Ik ben aan het bakken.   나는 굽는 중이다.

Ik ben brood aan het bakken.   나는 빵을 굽는 중이다.

3 접속사 (De conjunctie)

접속사는 문장, 구, 단어를 연결하는 역할을 한다. 이번 과에서는 문장과 문장을 연결할 때 자주 사용하는 등위접속사와 종속접속사에 대해 다루겠다.

1) 등위접속사

'주절 + 접속사 + 주절'을 연결하며 어순은 바뀌지 않는다.

en	of	maar	dus
그리고	혹은	그러나	그래서

Je bent aardig en je studeert hard.
너는 착하고 공부도 열심히 한다.

Ga je naar school? of ga je naar de supermarkt?
학교에 가? 아니면 슈퍼마켓에 가?

Hij is slim maar hij is niet aardig.
그는 똑똑하나 친절하지 않다.

Ik heb honger dus ik ga eten.
나는 배가 고파서 밥을 먹을 것이다.

2) 종속접속사

'주절 + 접속사 + 종속절'을 연결하며 종속절의 동사가 맨 뒤에 위치한다.

omdat	als	toen	hoewel	terwijl
~때문에	~하다면	~할 때	비록 ~일지라도	~동안에, 반면에

Hilde is blij omdat de zon schijnt.
해가 맑아서 힐더는 기쁘다.

Ik ga beginnen als je stopt.
너가 멈추면 나는 시작할 것이다.

Ik sliep toen je kwam.
너가 왔을 때 나는 자고 있었다.

Adam lacht hoewel hij boos is.
아담은 화가 났음에도 불구하고 웃는다.

Jaap zingt terwijl hij kookt.
얍은 요리하는 동안에(= 요리하면서) 노래한다.

3) 접속사 dat

Dat은 '것을', '~라고'를 의미하며 영어 접속사 that과 같다. 종속절의 동사가 맨 뒤에 위치한다.

Ik vind dat je slim bent.	나는 너가 똑똑하다고 생각해.
Ze zegt dat Jan komt.	그녀는 얀이 올 거라고 말한다.

4) 접속사 of

Of는 '~인지 아닌지'를 의미하며 종속절의 동사가 맨 뒤에 위치한다. 등위접속사 of와 혼동하지 말아야 한다.

Ik weet niet of ze komt.	나는 그녀가 올지 안 올지 모르겠다.

4 지각동사 vs 감각동사

지각동사는 우리가 감각기관을 통해 인식하는 동사이며, 감각동사는 가만히 있어도 감지되는 것을 나타내는 동사이다. 지각동사는 우리가 오감을 어떻게 사용하는지에 따라 (대충/집중해서/몰래 보다 등) 그 종류가 매우 다양하다.

구분	지각동사		감각동사
시각	보는 행위를		보인다.
후각	냄새를 맡는 행위를		냄새가 난다.
미각	맛보는 행위를	통해	맛이 난다.
청각	소리를 듣는 행위를		들린다.
촉각	느끼는 행위를		느낌이 난다.

1) 지각동사

kijken naar	ruiken	proeven	horen	voelen
보다	맡다	맛보다	듣다	느끼다

Ik kijk naar je.	너를 본다.
Ik ruik parfum.	향수 냄새를 맡는다.
Ik proef sinaasappel.	오렌지 맛을 본다.
Ik hoor een geluid.	무슨 소리가 들린다.(= 무슨 소리를 듣는다.)
Ik voel pijn.	아픔을 느낀다.

2) 감각동사

eruit zien	ruiken	smaken	klinken	voelen
보이다	냄새가 나다	맛이 나다	들리다	느껴지다

TIP
er와 전치사의 분리는 Les 13 참조

Je ziet er mooi uit.	너는 아름다워 보인다.
Dit vlees ruikt lekker.	이 고기에서 맛있는 냄새가 난다.
De koffie smaakt lekker.	커피에서 맛있는 맛이 난다.
Haar stem klinkt mooi.	그녀의 목소리가 아름답게 들린다.
Het tapijt voelt zacht (aan).	카펫이 부드럽게 느껴진다.

⑤ 접속사 Dat

접속사 dat을 통해 종속절을 갖는 동사 중 사용 빈도가 높은 동사는 다음과 같다. 종속
절의 동사를 문장 맨 뒤에 써야 한다.

zien	horen	voelen
~를 보다, ~를 봐서 안다	~라고 듣다	~다고 느끼다(감정)
vinden	weten	begrijpen
~라고 느끼다(인지)	~를 알다	~을 이해하다
zeggen	denken	hoop
~라고 말하다	~라고 생각하다	~라고 바라다

Ik zie dat je vrolijk bent.	나는 너가 기쁘다는 것을 안다.
Ik hoor dat Jan boos is.	나는 얀이 화가 났음을 듣는다.
Ik voel dat je blij bent.	나는 너가 기뻐한다고 느낀다.
Ik vind dat je goed kan dansen.	나는 너가 춤을 잘 춘다고 생각한다.
Ik weet dat je honger hebt.	나는 너가 배고프다는 것을 안다.
Ik begrijp dat je moe bent.	나는 너가 피곤하다는 것을 이해한다.
Ze zegt dat ze komt.	그녀는 오겠다고 말한다.
Ik denk dat we nu moeten gaan.	나는 우리가 지금 가야 한다고 생각한다.
Ik hoop dat je snel beter wordt.	나는 너가 빨리 낫길 바란다.

6 동사의 부정사(3)

자주 쓰는 동사 중 원형부정사를 사용하는 동사를 기억해야 한다.

1) 감각, 지각동사

zien	horen	voelen
보다	듣다	느끼다

Ik zie Sanne lachen.   나는 산느가 웃는 것을 본다.

Ik hoor Sanne lachen.   나는 산느가 웃는 것을 듣는다.

Ik voel Sanne lachen.   나는 산느가 웃는 것을 느낀다.

2) 그 외 동사

blijven	komen
(어떤 상태가) 지속되다	오다

Ik blijf wachten (op je).   (너를) 나는 계속 기다린다.

Ik kom je helpen.   와서 도와줄게.

7 부정적 결과

'Te + 형용사'를 'om+ te 부정사'와 함께 사용하면 '～하기에 너무 ～하다'를 의미한다.

Het is te koud om te zwemmen.   수영하기에 너무 춥다.

Het is te vroeg om op te staan.   일어나기에 너무 이르다.

Dit huis is te duur om te kopen.   이 집은 사기에 너무 비싸다.

TIP

동사 분리 관련은 Les 16 참조

Veelgebruikte zinnen

🎧 14-2

1 현재진행형으로 말하기

| 질문 | Wat ben je aan het doen? | 뭐 하고 있는 중이야? |

답변 Ik ben aan het _____.   나는 _____ 하고 있는 중이야.

schoonmaken	청소하다
bestellen	주문하다
bellen	전화하다
overwegen	숙고하다
praten met mijn moeder	엄마와 대화하다

2 의견 물어보기

Wat vind je van _____?   _____ 에 대해 어떻게 생각해?

hem	그
deze kleding	이 옷
mijn plan	나의 계획
mijn nieuwe haar	내 새로운 머리

3 의견 말하기

Ik vind dat _____.   나는 _____ 라고 생각해.

je aardig bent	너는 착하다
je een goed persoon bent	너는 좋은 사람이다
deze taart lekker is	이 케이크는 맛있다
hij veel kritiek krijgt	그가 많은 비난을 받다

4 희망사항 말하기

Ik hoop dat _____.   나는 _____ 를 바란다.

hij komt	그가 오다
je gelukkig bent	너가 행복하다
het regent	비가 오다
alles goed gaat	다 잘되다
jullie gezond blijven	너희가 건강하게 지내다

141

Praktische dialogen

🎧 14-3

Gesprek 1

상황 친구가 만든 요리 맛보기

A: Wat ben je aan het doen?
B: Ik ben stamppot aan het koken.
A: Mag ik hem proeven?
B: Zeker! Kom snel hem proeven.

A: 뭐 하는 중이야?
B: 나는 네덜란드식 으깬 감자를 요리하는 중이야.
A: 맛봐도 돼?
B: 당연하지! 빨리 와서 맛봐.

Gesprek 2

상황 새로 산 원피스가 어떤지 물어보기

A: Ik heb een nieuwe jurk.
B: O ja?
A: Wat vind je van mijn nieuwe jurk?
B: Ik vind dat de jurk heel mooi is.

A: 나 새로운 원피스를 샀어.
B: 그래?
A: 새로운 원피스 어때?
B: 되게 예쁜 거 같아.

Oefeningen

1 다음 문장을 현재진행형으로 만들어 보세요.

1 Rosa studeert. _____

2 De baby slaapt. _____

3 We spelen gitaar. _____

4 Jullie eten pizza. _____

5 Anne bestelt een bier. _____

2 다음 빈칸에 알맞은 접속사를 쓰세요.

1 Ik ben verdrietig _____ ik huil.
나는 슬퍼서 운다.

2 Maarten slaapt _____ Henk studeert.
행크는 공부하는 반면에 마르튼은 잔다.

3 Je bent slim _____ je bent arrogant.
너는 똑똑하지만 잘난 체한다.

4 Ik zal je chocolade geven _____ je goed luistert.
말을 잘 들으면 초콜릿을 주겠다.

5 Ik hou van Lisa _____ ze mijn zus is.
내 언니이기 때문에 리사를 사랑한다.

3 다음 빈칸에 감각동사를 사용하여 문장을 완성하세요.

1 Het meisje _____ verdrietig _____.
여자아이는 슬퍼 보인다.

2 Deze taart _____ lekker.
케이크가 맛있다.

3 De erwtensoep _____ heerlijk.
완두콩 스프 냄새가 너무 좋다.

4 Uw voorstel _____ goed.
당신의 제안은 좋은 것 같습니다.

5 Je haar _____ glad aan.
머리가 부드럽게 느껴진다.

4 다음 문장 중 틀린 부분이 있으면 고치세요.

1 Ik ben aan het studeren Engels.　　나는 영어 공부를 하는 중이다.

_____

2 Ik zie dat Sanne boos is.　　나는 산느가 화난 것이 보인다.

_____

3 Ik vind dat je bent aardig.　　나는 너가 착하다고 생각한다.

_____

4 Ik hoop dat komt je.　　나는 너가 오길 바란다.

_____

5 Ik blijf te werken.　　나는 계속 일한다.

_____

과거 나는 책을 읽었어요.
Ik heb een boek gelezen.

Gesprek 🎧 15-1

Senna: Wat heb je gisteravond gedaan?

Sean: Ik heb een boek gelezen.

Senna: Welk boek heb je gelezen?

Sean: Ik heb een boek over Willem van Oranje gelezen.

Senna: Wie is hij precies?

Sean: Hij wordt 'Vader des Vaderlands' genoemd. Hij verzette zich tegen Filips II van Spanje en in 1568 begon de Tachtigjarige Oorlog.

Senna: Ik wil meer weten over de Tachtigjarige oorlog.

세나: 어젯밤에 뭐 했어?

션: 나는 책을 읽었어.

세나: 무슨 책을 읽었어?

션: 빌럼 오렌지공에 관한 책을 읽고 잤어.

세나: 그 사람이 정확히 누구야?

션: 그는 조국의 아버지라고 불려. 그는 스페인 국왕 필립 2세에게 저항했고 1568년에 80년 전쟁이 발발했어.

세나: 80년 전쟁에 대해서 더 알고 싶네.

Grammatica

1 과거를 말할 때(1) - 과거형 (Onvoltooid Verleden Tijd)

1) 규칙 동사(1)

동사의 어간이 't kofschip에 포함된 자음으로 끝나면 '어간 + te', 복수동사의 과거형은 '어간 + ten'의 형태를 취한다.

동사원형		koken	werken	fietsen
어간		kook	werk	fiets

단수	1인칭 - ik	kookte	werkte	fietste
	2인칭 - je / u	kookte	werkte	fietste
	3인칭 - hij / ze / het	kookte	werkte	fietste
복수	1인칭 - we	kookten	werkten	fietsten
	2인칭 - jullie	kookten	werkten	fietsten
	3인칭 - ze	kookten	werkten	fietsten

2) 규칙 동사(2)

동사의 어간이 't kofschip에 포함되지 않은 자음으로 끝나면 '어간 + de', 복수동사의 과거형은 '어간 + den'의 형태를 취한다.

동사원형		bellen	reizen	wonen
어간		bel	reis	woon

단수	1인칭 - ik	belde	reisde	woonde
	2인칭 - je / u	belde	reisde	woonde
	3인칭 - hij / ze / het	belde	reisde	woonde
복수	1인칭 - we	belden	reisden	woonden
	2인칭 - jullie	belden	reisden	woonden
	3인칭 - ze	belden	reisden	woonden

3) 불규칙 과거 동사

그 외에 불규칙적으로 과거형이 변하는 동사가 있으므로 주의해야 한다.

동사원형		zijn	hebben	helpen	eten
단수	1인칭 - ik	was	had	hielp	at
	2인칭 - je / u	was	had	hielp	at
	3인칭 - hij / ze / het	was	had	hielp	at
복수	1인칭 - we	waren	hadden	hielpen	aten
	2인칭 - jullie	waren	hadden	hielpen	aten
	3인칭 - ze	waren	hadden	hielpen	aten

2 과거분사형 (Het voltooid deelwoord)

과거분사에도 과거형과 마찬가지로 't kofschip 규칙 혹은 불규칙 변화가 적용된다.

1) 't kofschip 포함: ge + 어간 + t

동사원형	werken	koken	fietsen
과거형	werkte(n)	kookte(n)	fietste(n)
과거분사형	gewerkt	gekookt	gefietst

2) 't kofschip 미포함: ge + 어간 + d

동사원형	bellen	reizen	wonen
과거형	belde(n)	reisde(n)	woonde(n)
과거분사형	gebeld	gereisd	gewoond

3) 불규칙 변화

동사원형	zijn	hebben	eten	gaan
과거형	was/waren	had(den)	at(en)	ging(en)
과거분사형	geweest	gehad	gegeten	gegaan

3 과거를 말할 때(2) - 현재완료형 (De Voltooid Tegenwoordige Tijd)

현재완료는 'hebben + 과거분사' 혹은 'zijn + 과거분사'의 2가지 조동사를 취한다. 두 조동사의 쓰임을 구분하는 기준이 완전하지는 않으나, 적용되는 몇 개의 규칙을 간략하게 살펴보면 다음과 같다. 또한 과거분사는 문장 맨 뒤에 두어야 한다.

동사원형		werken	verhuizen	zijn
단수	1인칭 - ik	heb gewerkt	ben verhuisd	ben geweest
	2인칭 - je / u	hebt gewerkt	bent verhuisd	bent gewest
	3인칭 - hij / ze / het	heeft gewerkt	is verhuisd	is geweest
복수	1인칭 - we	hebben gewerkt	zijn verhuisd	zijn geweest
	2인칭 - jullie	hebben gewerkt	zijn verhuisd	zijn geweest
	3인칭 - ze	hebben gewerkt	zijn verhuisd	zijn geweest

verhuizen 이사하다

1) Hebben을 취하는 경우

많은 경우에 hebben을 조동사로 취한다. 특히 행동을 나타내거나 목적어가 있는 경우 대부분 hebben을 사용한다.

⊘ 행동을 나타날 때: Ik heb gefietst.　　　　나는 자전거를 탔다.

⊘ 목적어가 있을 때: Ik heb pasta gekookt.　　　나는 파스타를 요리했다.

⊘ 비인칭 주어를 사용할 때: Het heeft geregend.　　비가 왔다.

2) Zijn을 취하는 경우

변화를 나타내거나 목적어가 없는 경우 대부분 zijn을 조동사로 취한다.

⊘ 위치, 방향의 변화(움직임): Ik ben gisteren verhuisd.　　나는 어제 이사를 했다.

⊘ 상태 변화: Ik ben getrouwd.　　　　나는 결혼을 했다.

⊘ 수동태: Ik ben gepest.　　　　나는 놀림을 당한다.

4 과거형 vs 현재완료형

일반적으로 과거형은 과거의 습관, 사건에 대한 설명 및 과정을 나열할 때 사용한다. 예를 들어 사건의 경과 및 이야기의 줄거리를 말할 때 적합하다.

Elke dag studeerde Sean Nederlands.
션은 매일 네덜란드어를 공부했었다.

Toen kwam Maarten binnen.
그때 마르튼이 들어왔다.

Koningin Wilhelmina was de koningin van Nederland tijdens de Tweede Wereldoorlog.
2차 세계 대전 당시 네덜란드의 여왕은 빌헬미나 여왕이었다.

현재완료형은 현재의 시점에서 과거에 대해 질문하거나 그 경험을 이야기할 때 적합하다. 과거 행위 자체보다는 그 행위의 결과나 현재에 미치는 영향이 중요할 때 사용한다.

Wat heeft Sean gisteren gedaan?
션은 어제 뭐 했어?

Sabine en Hilde hebben brood gegeten.
사비느와 힐드는 빵을 먹었다(그래서 배부르다).

Ik ben naar Korea geweest.
나는 한국에 다녀왔다.

5 과거형의 시간 부사

gisteren	gisteravond	vorig jaar
어제	어젯밤	작년
vorige maand	vorige week	twee dagen geleden
지난달	지난주	이틀 전

6 **재귀대명사** (De wederkerend werkwoord)

네덜란드어에는 꼭 뒤에 재귀대명사를 써야 하는 동사가 있다.

단수	ik	me
	je	je
	u	u / zich
	hij / ze / het	zich
복수	we	ons
	jullie	je
	ze	zich

재귀대명사를 함께 쓰는 재귀동사는 다음과 같다.

herinneren	vergissen	vervelen	haasten
기억해 내다	틀리다	지루해 하다	서두르다
schamen	voelen	bemoeien	abonneren
부끄러워하다	느끼다	간섭하다	구독하다

Ik herinner me haar.   나는 그녀를 기억해 내다(기억하다).

Ik vergis me.   내가 틀리다.

Ze verveelt zich.   그녀는 지루해 한다.

We haasten ons.   우리는 서둘렀다.

Ze schaamden zich.   그들은 부끄러워한다.

Ik voel me alleen.   나는 혼자라고 느낀다.

Bemoeien jullie je niet met haar.   너희는 그녀에게 간섭하지 말아라.

Abonneer je op mijn Youtube kanaal.   제 유튜브 채널을 구독해주세요.

Veelgebruikte zinnen

🎧 15-2

1 줄거리 말하기

질문 Heb je de film Titanic gezien? Waar gaat de film over?
타이타닉 영화 봤어? 줄거리가 어떻게 돼?

답변 Jack en Rose _____. 잭과 로즈는 _____.

ontmoetten op het dek	갑판에서 만났다
dansten samen	함께 춤췄다
hadden een leuke tijd samen	함께 즐거운 시간을 가졌다
waren verliefd op elkaar	서로에게 사랑에 빠졌다

2 과거에 한 일 말하기

질문 Wat heb je gisteravond gedaan? 어젯밤에 뭐 했어?

답변 Ik _____. 나는 _____.

heb geslapen	잤다
heb gewandeld	산책했다
heb wijn gedronken	와인을 마셨다
heb Engels gestudeerd	영어 공부를 했다
ben naar een concert geweest	콘서트에 다녀왔다

3 기억나는 것 말하기

Ik herinner me _____. 나는 _____ 이(가) 기억난다.

hem	그
haar gezicht	그녀의 얼굴
die dag	그 날
het verhaal	이야기
de droom van gisteren	어제 꿈

Praktische dialogen

🎧 15-3

Gesprek ❶

상황 주말을 어떻게 보냈는지 물어보기

A: Heb je een fijn weekend gehad?
B: Ja, dank je!
A: Wat heb je gedaan?
B: Ik ben naar mijn oma geweest.

A: 좋은 주말 보냈어?
B: 응, 덕분에!
A: 뭐 했어?
B: 할머니 댁에 다녀왔어.

Gesprek ❷

상황 어렸을 때 친구와 우연히 마주친 상황

A: Herinner je me nog?
B: Sorry, wie ben je?
A: Ik ben Anne-Marie, je buurmeisje van vroeger.
B: O, ik herinner me je!

A: 아직 나 기억해?
B: 미안, 너 누구지?
A: 나 안느마리, 예전에 옆집 살던.
B: 오, 나 너 기억나!

buur 이웃
van ~의
vroeger 예전에

Oefeningen

1 동사의 어간 및 과거형, 과거분사형을 쓰세요.

		<어간>	<과거형>	<과거분사형>
1	maken			
2	wonen			
3	reizen			
4	gaan			
5	bellen			

2 다음 빈칸에 hebben / zijn 중 적절한 것을 넣으세요.

1 We _____ naar het concert van Adele geweest.
우리는 아델 콘서트에 다녀왔다.

2 Ze _____ gelachen.
그들은 웃었다.

3 _____ jullie getrouwd?
너희는 결혼했니?

4 We _____ de taart gebakken.
우리는 케이크를 구웠다.

5 Ze _____ lekker geslapen.
그들은 잘 잤다.

6 Ze _____ verhuisd.
그들은 이사했다.

3 다음 빈칸에 재귀대명사를 형태에 맞게 쓰세요.

1 Ik verveel _____.

2 We schaamden _____.

3 Ze moeten _____ haasten.

4 Gaan jullie _____ abonneren op Netflix?

5 Hij bemoeit _____ met ons.

6 Ze haasten _____ naar de studio.

4 다음 시간 부사를 네덜란드어로 쓰세요.

1 지난달 _____

2 어젯밤 _____

3 5일 전 _____

4 4주 전 _____

16

예정 나는 공부하기 위해 도서관에 가요.

Ik ga naar de bibliotheek om te studeren.

Gesprek 🎧 16-1

Woorden

laten 허락하다, 내버려두다

nodig 필요하다

behalve ~외에

ballon 풍선

geven 주다

bedoelen 의도하다

zin hebben in~
~(명사)를 원하다

✎ TIP

*zin hebben om te'~ 는 '~(동사)
가 하고 싶다'이다.

Emma: Ik ga naar de Jumbo om een ijsje te kopen. Ga je mee?

Daan: Ik ben er gisteren geweest maar ik ga mee.

Emma: Laten we gaan.

Daan: Wat heb je nodig behalve een ijsje?

Emma: Ik heb ballonnen nodig, want ik geef zaterdag een feest.

Daan: Wat bedoel je?

Emma: Ik ben zaterdag jarig! Kom je naar mijn feest?

Daan: Ja, zeker! Ik heb er zin in!

엠마: 나는 아이스크림을 사기 위해 점보 슈퍼에 갈 거야. 같이 갈래?

단: 어제 거기에 갔다 왔지만 같이 갈게.

엠마: 가자.

단: 아이스크림 외에 뭐 필요해?

엠마: 나는 풍선이 필요해, 왜냐하면 토요일에 파티를 하거든.

단: 무슨 말이야?

엠마: 나 토요일에 생일이야! 내 생일 파티에 올래?

단: 응, 당연하지! 기대된다!

Grammatica

1 복합동사

기존의 동사에 접두사를 붙여 복합동사를 만든다. 이러한 복합동사의 경우 분리되는 경우가 많다. 반면에 복합동사이면서 애초에 분리되지 않는 복합동사도 있다.

1) 분리되는 접두사

bij-, in-, na-, uit-, op-, af-, mee-, samen-, tegen-, tussen-, terug-, weg- 등

2) 분리되지 않는 접두사

be-, ge-, ver-, ont-, her-, er- 등

2 분리동사 (Scheidbare werkwoorden)

분리동사는 접두사를 분리하여 문장 뒤에 위치시키면 된다. Samenwerken은 '협력하다', '함께 일하다'라는 분리동사인데, 이 동사를 예로 분리동사의 시제별 사용법에 대해 알아보자.

1) 현재형

• 평서문	Ik werk samen (met Pieter).	나는 (피터와) 함께 일한다.
• 부정문	Ik werk niet samen.	나는 함께 일하지 않는다.
• 의문문	Werk je samen met Pieter?	피터와 함께 일하니?
• 명령문	Werk samen!	함께 일해라!

2) 과거형

현재형과 마찬가지로 접두사가 문장 맨 뒤에 위치한다.

Ik werkte samen.   나는 함께 일했다.

3) 현재완료형

분리동사의 과거분사는, 분리동사의 접두어와 동사의 과거분사를 붙여 다시 결합된 형태다.

Ik heb samengewerkt.　　　　　　　　　나는 함께 일했다.

3 분리동사 부정사

분리동사를 부정사로 사용할 때, 동사를 분리하지 않고 (원형과 같이) 붙여 쓴다.

We moeten samenwerken.　　　　　　우리는 협력해야만 한다.

We zijn aan het samenwerken.　　　　우리는 협력하고 있는 중이다.

4 Om te + 부정사

목적이나 이유를 밝힐 때는 'om+ te 부정사'를 사용한다. 어순은 'om + (te부정사의 목적어) + te부정사'이다.

Ik lees een boek om te studeren.
나는 공부하기 위해 책을 읽는다.

Ik wil later dokter worden om mensen te genezen.
나는 사람을 치료하기 위해 나중에 의사가 되고 싶다.

목적을 밝힐 때, 부정사 자리에 분리동사가 오는 경우 te에 의해 나눠진다.

Marit schrijft dagboek om te nadenken. (×)

Marit schrijft dagboek om na te denken. (○)
마릿은 곰곰이 생각하기 위해 일기를 쓴다.

5 수동태 (Passieve zinnen)

수동 문장의 동사는 'worden + 과거분사', 'zijn + 과거분사' 두 가지 형태이다. worden 은 현재와 과거시제, zijn은 완료시제에 사용한다. Worden과 zijn 동사는 각각 시제의 형태에 맞춰 사용한다.

능동태	주어	동사	목적어
수동태	(능동태의) 직접 목적어	worden + 과거분사 zijn + 과거분사	door+ 능동태 주어의 목적격

• 현재형

Ik zing een lied.

나는 노래를 부른다.

→ Een lied wordt gezongen door mij.

노래는 나에 의해 불린다.

• 과거형 (과거 특정 시점)

Ik zong een lied (gisteren).

나는 (어제) 노래를 불렀다.

→ Een lied werd gezongen door mij (gisteren).

노래는 (어제) 나에 의해 불렸다. (수동)

• 현재완료형 (구체적이지 않은 과거의 시점)

Ik heb een lied gezongen.

나는 노래를 불렀다.

→ Een lied is gezongen door mij.

노래는 나에 의해 불렸다. (수동)

〈미래시제의 수동태〉

미래를 나타내는 조동사 zullen을 사용한다. 어순은 '주어 + zullen + 과거분사 + worden/zijn 동사'이다.

• 미래형

Een lied zal gezongen worden door me.   노래가 나에 의해 불릴 것이다.

• 미래완료형

Een lied zal gezongen zijn door mij.   노래가 나에 의해 불려질 것이다.

6 **Er 사용법(2)**

1) 수동태의 주어

영어와 마찬가지로 행위자가 불특정, 불명확하거나 중요하지 않을 때는 'door + 행위자'의 생략이 가능하다. 그리고 주어 자리에 er를 사용하기도 한다.

Een lied wordt gezongen.

= Er wordt een lied gezongen. 　　노래가 불려진다.

De kleren worden gewassen.

= Er worden de kleren gewassen. 　　옷이 세탁된다.

2) 주어가 어떤 정해진 대상을 지칭하는 것이 아닐 때, 주어 자리에 er를 대신 사용하는 경우가 많다.

Er is iemand daar. 　　저기 누군가가 있다.

Er staan veel mensen in de rij. 　　많은 사람들이 줄 서있다.

7 **하고 싶은 것 말하기**

문장 패턴에 (동)명사 혹은 동사를 추가하여 간단하게 원하는 것을 표현할 수 있다. '(동)명사를 원한다'는 '주어 + hebben 동사 + zin + in + (동)명사'로 표현한다. '동사하기를 원한다'는 '주어 + hebben 동사 + zin + om + te + 동사'로 표현한다.

zin 관심

opstaan 일어나다

Ik heb zin in koffie. 　　나는 커피를 원한다.

Ik heb zin om te zingen. 　　나는 노래하고 싶다.

Ik heb geen zin in zwemmen. 　　나는 수영하고 싶지 않다.

Ik heb geen zin om te werken. 　　나는 일하고 싶지 않다.

Ik heb geen zin om op te staan. 　　나는 일어나고 싶지 않다.

Veelgebruikte zinnen

1 경험 말하기

Ik _____ nooit _____.	_____ 해본 적이 없다.
heb	zo gelachen	이렇게 웃다
heb	een regenboog gezien	무지개를 보다
ben	aardig geweest	착하다
ben	naar een concert geweest	콘서트에 가다
ben	in Korea geweest	한국에 가보다

2 목적 말하기

Het kind gaat naar school om _____. 아이는 학교에 _____ 간다.

te studeren	공부하려고
te spelen	놀려고
vrienden te zien	친구를 보려고
een beter mens te worden	더 좋은 사람이 되려고

3 필요한 것 말하기

Ik heb _____ nodig. 나는 _____ 이(가) 필요하다.

geld	돈
een woning	거처
je hulp	너의 도움
8 uur slaap	8시간 수면

4 **기대감 나타내기**

Ik heb zin _____.   나는 _____ 하고 싶다.

in stroopwaffel	스트롭와플 (원하다)
in fietsen	자전거 타는 것
om te basketballen	농구하는 것
om in een park te wandelen	공원에서 산책하는 것
om een film te kijken	영화 보는 것
om samen te werken met enthousiaste collega's	
	열정적인 동료들과 일하는 것

collega (회사)동료

Praktische dialogen

Gesprek ❶

상황 요리하는 이유 말하기

A: Wat ben je aan het doen?
B: Ik ben oliebollen aan het bakken om samen te eten met iedereen.
A: Waarom?
B: We eten oliebollen rond Oud en Nieuw in Nederland.

iedereen 모두
rond ~쯤, 대략

A: 뭐 하는 중이야?
B: 모두와 같이 먹기 위해 올리볼을 만들고 있어.
A: 왜?
B: 네덜란드에서는 해가 바뀔 때쯤 올리볼을 먹어.

Gesprek ❷

상황 캠핑 준비에 필요한 것에 대해 이야기하기

A: Wat hebben we nog meer nodig?
B: We hebben een lantaarn en een nieuwe tent nodig.
A: Laten we ze kopen.
B: Ik heb zin om vandaag te kamperen.

nog meer ~이 더 많이

A: 우리 무엇이 더 필요하지?
B: 우리는 랜턴이랑 새 텐트가 필요해.
A: 가서 그것들을 사자.
B: 캠핑 완전 기대돼!

Oefeningen

1 다음 문장을 수동태로 바꾸세요.

1 Ik eet een appel.

---

2 Ik lees deze boeken.

---

3 Ik at een appel.

---

4 Ik las deze boeken.

---

5 Ik heb een appel gegeten.

---

6 Ik heb deze boeken gelezen.

---

2 다음 빈칸에 알맞은 동사를 넣으세요.

1 Ik ga naar de bibliotheek om te _____.
나는 공부하기 위해 도서관에 간다.

2 Ik blijf thuis om te _____.
나는 자기 위해 집에 머문다.

3 Ik werd vroeg wakker om te _____.
나는 일하기 위해 일찍 깼다.

4 Ik bel je om je iets te _____.
나는 무엇을 좀 묻기 위해 너에게 전화한다.

3 괄호 속 단어를 알맞은 형태로 변화시켜 문장을 다시 쓰세요.

1 We (schoonmaken) de keuken.

   ----

2 Wanneer (teruggeven) je mijn dvd?

   ----

3 Het restaurant (openblijven) de hele dag.

   ----

4 Ik (terugfietsen) naar mijn huis.

   ----

5 Je mag (invullen) het formulier.

   ----

6 (Meekomen) jullie?

   ----

7 Je (uitnodigen) me.

   ----

8 Hij (weggooien) zijn sigaret.

해답

1 A: Hoi, ik ben Senna.
   B: Dag! Leuk je te ontmoeten.
2 A: Goede morgen! Hoe gaat het?
   B: Met mij gaat het goed.
3 A: Dit is meneer van Dijk.
   B: Aangenaam (met u) kennis te maken.

2

1 Ben je Anne?
2 Bent u professor Dekker?
3 Is hij meneer de Boer?
4 Is ze Anne-Marie?
5 Zijn jullie familie Kim?
6 Zijn ze Liam en Sophie?

3

1 Alles
2 avond
3 later
4 slecht
5 Aangenaam / kennis / maken
6 Dit is

4

1	중성형	2	남성형
3	남성형	4	여성형
5	중성형		

LES 02

1

1	actrice	2	schrijfster
3	leraar	4	secretaresse
5	kok	6	verpleger
7	redactrice	8	politica

2

1	schlider	2	coach
3	regisseur	4	actrice
5	voetballer	6	koning

3

1 Ik ben geen student economie.
2 Ik ben geen recther.
3 Sander is geen dokter.
4 Mijn man is geen journalist.
5 Sophie en Sara zijn geen studenten.
6 We zijn geen kapsters.

4

1	boeken	2	bomen
3	bussen	4	duiven
5	kansen	6	koloniën

LES 03

1

1 A: Ben je Nederlandse?
   B: Ja, ik ben Nederlandse. En jij?
   A: Ik kom uit Zuid-Korea.
   B: Leuk je te ontmoeten!
2 A: Waar kom je vandaan?
   B: Ik ben Duitser.
   A: Kom je uit Berlijn?
   B: Ja, ik kom uit Berlijn.

2

1	Nederlander	2	Duitse
3	Franse	4	Canadees
5	Engelsman	6	Amerikaan

3

1	Nederlanders	2	Duitsers
3	Fransen	4	Engelsen

5	Italianen	6	Spanjaarden
7	Belgen	8	Amerikanen

4

1	kopen	2	spelen
3	zingen	4	spreken
5	maken	6	studeren
7	kijken	8	luisteren

5

1 Ja, ik ben Engelse.
2 Nee, ik ben geen Nederlander.
3 Nee, ze is geen Franse.
4 Ja, we zijn Chinezen.

 L E S 04

1

1	groot paard	2	mooie actrice
3	lelijke man	4	oude boeken
5	blond kind	6	saai boek
7	lieve meisje	8	jonge vrouwen

2

1 Ik ben ijverig, creatief en sociaal.
2 Ben je rustig?
3 Ja, ik ben rustig.
4 Ze is mooi, lang en dun.
5 Is ze vriendelijk?
6 Ja, ze is vriendelijk en aardig.

3

1 Ik ben 부사 enthousiast.
2 Ik ben 부사 sociaal.
3 Ik ben 부사 rustig.
4 Ik ben 부사 lui.
5 Ik ben 부사 creatief.
6 Ik ben 부사 muzikaal.

4

1 비교급: Ik ben mooier.
　최상급: Ik ben het mooist.

2 비교급: De vriendelijkere vrouw.
　최상급: De vriendelijkste vrouw.
3 비교급: Het oudere paard.
　최상급: Het oudste paard.
4 비교급: Een saaier boek.
　최상급: Het saaiste boek.
5 비교급: De kleinere honden.
　최상급: De kleinste honden.

L E S 05

1

1	boos	2	verdrietig
3	ziek	4	blij
5	moe	6	zeenuwachtig

2

1	Ben / ben	2	Is / is
3	gaat / is		

3

1	haar	2	ons
3	je	4	hem

4

1	win	2	was
3	ren	4	lig
5	proef	6	verlies
7	lees	8	heb

5

1	foto's	2	kamers
3	winkels	4	zusjes
5	moeders	6	camera's

L E S 06

1

1	school	2	bank
3	universiteit	4	ziekenhuis

2

1 Engels 2 Frans
3 Spaans 4 Russisch

3

1 Wat 2 Wie
3 Wat voor een 4 Welke
5 Wat voor

4

1 onder 2 naast
3 voor 4 achter
5 op 6 boven

5

1 Ik spreek heel goed Nederlands.
2 Ik spreek goed Nederlands.
3 Ik spreek een beetje Nederlands.
4 Ik spreek niet goed Nederlands.
5 Ik spreek helemaal geen Nederlands.

 LES 07

1

1 Het is 13 januari.
2 Het is 5 maart.
3 Het is 21 juni.
4 Het is 18 juli.
5 Het is 27 oktober.
6 Het is 25 december.

2

1 14 februari 2 1 januari
3 27 april 4 25 december

3

1 Waar 2 Wie
3 Wat 4 Hoe
5 Waarom 6 Wanneer

4

1 1 2 7
3 11 4 16
5 22 6 28

LES 08

1

1 10 voor half 5
2 half 10
3 kwart voor 12
4 10 over half 6
5 kwart over 6

2

1 6 uur 's avonds
2 kwart voor 11 's nachts
3 half 12 's ochtends / 's morgens
4 kwart over 4 's middags
5 10 voor half 7 's ochtends' / 's morgens

3

1 lang 2 gaat
3 oud 4 heet
5 laat

4

1 in 2 sinds
3 tot 4 om
5 op 6 op
7 in 8 van / tot

LES 09

1

1 is 2 schijnt
3 regent 4 is
5 waait 6 sneeuwt
7 is 8 vriest

2

1	heel	2	een beetje
3	best	4	heel hard(heel veel)
5	niet	6	hard

3

1	lief	2	Wees
3	Ga	4	koud
5	niet		

 LES 10

1

1	skiën	2	weet
3	praat	4	gaat

2

1 zingen → te zingen
2 bent → zijn
3 eten → te eten
4 X

3

1	groot	2	lang
3	oud	4	ver

4

1	iets	2	niets
3	iemand	4	niemand
5	ergens	6	nergens

LES 11

1

1	met	2	naar
3	met	4	met

2

1	kopen	2	te lachen
3	zwemmen	4	te spelen

3

1	volgend jaar	2	Morgen
3	vanavond	4	straks

4

1	Wanneer	2	Hoe laat
3	Waar	4	Wat

LES 12

1

1	hou van	2	vind
3	mag	4	hou niet van
5	vind / niet	6	mag

2

1	winkelen	2	bakken
3	vindt	4	Hou
5	mag	6	Vind

3

1	eten	2	acteur
3	sport	4	film

4

1 Wat ben je slim!
2 Wat loop je snel!
3 Wat ben je aardig!
4 Wat spreek je goed Nederlands!

LES 13

1

1 Ik kan niet vliegen.
2 Ik kan rijden. / Ik kan niet rijden.
3 Ik kan zwemmen. / Ik kan niet zwemmen.
4 Ik kan hoog springen. /
Ik kan niet hoog springen.

5 Ik kan snel eten. / Ik kan niet snel eten.

6 Ik kan goed presenteren. /
  Ik kan niet goed presenteren.

2

1	wil	2	kunnen
3	moet	4	moeten(mogen)
5	zullen	6	hoeft
7	Mag	8	gaan

3

1 Ik hoef geen boek te lezen.
2 Je bent te laat.
3 Ik heb er drie.
4 We kijken er vaak naar.

LES 14

1

1 Rosa is aan het studeren.
2 De baby is aan het slapen.
3 Wij zijn gitaar aan het spelen.
4 Jullie zijn pizza aan het eten.
5 Anne is een bier aan het bestellen.

2

1	dus	2	terwijl
3	maar	4	als
5	omdat		

3

1	ziet er / uit	2	smaakt
3	ruikt	4	klinkt
5	voelt		

4

1 Ik ben Engels aan het studeren.
2 X
3 Ik vind dat je aardig bent.
4 Ik hoop dat je komt.
5 Ik blijf werken.

LES 15

1

1 maak / maakte / gemaakt
2 woon / woonde / gewoond
3 reis / reisde / gereisd
4 gaan / ging / gegaan
5 bel / belde / gebeld

2

1	zijn	2	hebben
3	Zijn	4	hebben
5	hebben	6	zijn

3

1	me	2	ons
3	zich	4	je
5	zich	6	zich

4

1 vorige maand
2 gisteravond
3 vijf dagen geleden
4 vier weken geleden

LES 16

1

1 Een appel wordt gegeten door mij.
2 Deze boeken worden gelezen door mij.
3 Een appel werd gegeten door mij.
4 Deze boeken werden gelezen door mij.
5 Een appel is gegeten door mij.
6 Deze boeken zijn gelezen door mij.

2

1	studeren	2	slapen
3	werken	4	vragen

3

1 We maken de keuken schoon.

2 Wanneer geef je mijn dvd terug?
3 Het restaurant blijft de hele dag open.
4 Ik fiets terug naar mijn huis.
5 Je mag het formulier invullen.
6 Komen jullie mee?
7 Je nodigt me uit.
8 Hij gooit zijn sigaret weg.

출판사, 저자, 강사, 독자가 공존하기 위한 문예림 정책

평등한 기회와 공정한 정책으로

올바른 출판문화를 이끌도록 하겠습니다.

저 자

1 도서의 판매부수에 따라 인세를 정산하지 않습니다.

우리는 도서 판매여부와 관계없이 초판, 증쇄 발행 후 30일 이내 일괄 지급합니다. 보다 좋은 콘텐츠 연구에 집중해주십시오. 판매보고는 반기별로, 중쇄 계획은 인쇄 60일 전 안내합니다.

2 도서 계약은 매절로 진행하지 않습니다.

매절계약은 불합리한 계약방식입니다. 이러한 방식은 저자들의 집필 의욕을 저해시키며, 결국에는 생존력 짧은 도서로 전락하고 맙니다.

3 판매량을 기준으로 절판하지 않습니다.

판매량에 따라 지속 판매 여부를 결정하지 않으며 전문성, 영속성, 희소성을 기준으로 합니다.

강 사

1 동영상강의 콘텐츠 계약은 매절로 진행하지 않습니다.

우리는 강사님의 소중한 강의를 일괄 취득하는 행위는 하지 않으며, 반기별 판매보고 후 정산합니다.

2 유료 동영상강의 인세는 콘텐츠 순 매출액의 20%를 지급합니다.(자사 사이트 기준)

우리는 가르침의 의미를 소중히 알며, 강사와 공존을 위하여 업계 최고 조건으로 진행합니다.

3 판매량에 따라 동영상강의 서비스를 중단하지 않습니다.

판매량에 따라 서비스 제공 여부를 결정하지 않으며 지속가능한 의미가 있다면 유지합니다. 전문성, 영속성, 희소성을 기준으로 합니다.

독자 및 학습자

1 도서는 제작부수에 따라 정가를 정합니다.

적절한 정가는 저자가 지속적인 연구할 수 있는 기반이 되며, 이를 통해 독자와 학습자에게 전문성 있는 다양한 콘텐츠로 보답할 것입니다.

2 도서 관련 음원(MP3)은 회원가입 없이 무료제공됩니다.

원어민 음원은 어학학습에 반드시 필요한 부분으로 아무런 제약 없이 자유롭게 제공합니다. 회원가입을 하시면 보다 많은 서비스와 정보를 얻으실 수 있습니다.

3 모든 콘텐츠는 책을 기반으로 합니다.

우리의 모든 콘텐츠는 책에서부터 시작합니다. 필요한 언어를 보다 다양한 콘텐츠로 제공하도록 하겠습니다.